# 날마다 큐티하는
# 청소년

QTM

어른도 어려워하는 말씀을
어떻게 청소년들이 깊이
깨닫게 되었을까?

# 날마다 큐티하는
# 청소년

**김양재** 지음

우리들교회 청소년부에는 대략 천 명의 아이들이 출석하고 있어요. 요즘 교회에서는 다음 세대를 찾아볼 수 없다고들 하는데, 매년 수많은 청소년이 우리들교회 주일학교를 찾아온답니다. 저는 그 원동력이 바로 '큐티'에 있다고 생각해요. 제가 발행하고 있는 《청소년 큐티인》을 통해 제가 큐티하며 듣고 깨달은 말씀을 나누었더니, 소위 북한도 무서워한다는 중2병에 걸린 아이들까지도 말씀을 깨닫는 역사가 일어났답니다. 날마다 큐티하며 하나님의 말씀을 각자의 삶에 적용하게 하였더니 어른들도 깨닫기 어려운 말씀이 청소년들에게 나팔 소리처럼 들리게 된 것이죠. 특히나 《청소년 큐티인》에 실린 이 청소년들의 보석 같은 큐티 간증은 이 땅의 다음 세대들을 향한 구원의 새 노래로 울려 퍼지고 있어요.

저는 힘든 입시를 준비하는 아이들에게 "떨어지면 감사하고 붙으면 내가 회개할 것이 무엇인가 생각하라"고 권면해요. 떨어지면 그 고난 가운데서 하나님을 더욱 의지하게 될 테니 감사해야 하고, 붙으면 '내 믿음의 수준이 고난을 감당할 만큼이 안 돼서 붙여주셨다'는 걸 깨닫고 나의 믿음이 부족한 것을 회개해야 한다는 뜻이죠. 우스갯소리로 요즘 고3 수험생을 둔 부모님은 행여 부정 탈까 봐 자녀 앞에서 '떨어지다'에 '떨' 자도 꺼내지 않는다고 하는데, '떨어지면 감사하라'니요. 수험생들이 이 말을 어떻게 이해할 수 있을까요? 학벌, 지위, 체면에 죽고 사는 이 세대는 결코 이해할 수 없겠지요. 하지만 날마다 큐티하는 청소년들은 대학에 떨어져도, 부모님이 다투어도, 왕따를 당해도 감사할 줄 압니다. 그 고난을 통해 하나님만 바라보고, 하나님께 더욱 가까이 나아가게 되니 그런 감사의 마음이 절로 우러나오는 것이랍니다.

　제가 삶을 통해 깨달은 큐티의 능력을 청소년들에게 알리고자 쓰게 된 이 책에는 깨어진 가정과 삭막한 학교, 게임과 음란 중독 등의 고난에서 날마다 큐티함으로 살아난 청소년들의 생생한 간증도 함께 담았어요. 참 힘든 상황에도 불구하고 날마다 큐티하며 그날 주신 말씀대로 믿고 살고 누리는 이 청소년들의 간증은 오직 '말씀'만이 사람을 살아나게 한다는 것을 증거하고 있답니다.

　이 책을 읽는 여러분 모두가 날마다 큐티함으로 하나님과 친밀히 교제하는 기쁨을 누리고, 영과 육이 건강해지길 바랍니다. 하루하루 말씀대로 살아가며, 질풍노도의 시기를 하나님의 도우심으로 헤쳐 나갈 수 있길 소원해요. 여러분 모두가 '나는 하나님의 고귀한 자녀'라는 자존감을 가지고 사람을 살리고, 다음 세대를 이끌어가는 복음의 일꾼으로 쓰임 받기를 기도합니다!

2018년 7월
우리들교회 담임목사·큐티엠 이사장

김 양 재

목차

 제1장 날마다 말씀으로 인도함 받는 큐티
큐티 이론편

제2장 내 삶을 해석하는 큐티 훈련
큐티 연습편

# 제3장 큐티로 살아난 친구들의 이야기
큐티 실전편

제1장

/

# 날마다 말씀으로 인도함 받는 큐티

큐티 이론편

# 내 인생의 큐티

4대째 모태신앙인인 저는 교회에서 반주자로 봉사하다가 의사인 남편을 만나 결혼했어요. 집안 형편도 넉넉하고 믿음도 좋아 보이는 장로님, 권사님의 며느리가 되었답니다. 그런데 남편은 장로님, 권사님 아들이어도 믿음이 없었고, 저는 살림을 잘하는 것이 우상이신 시어머니 밑에서 5년여 동안 고된 시집살이를 해야 했어요. 하루에도 걸레질을 수없이 하며 방을 반짝반짝 닦고, 외출은커녕 교회조차도 제 맘대로 못 다니는 혹독한 시집살이에 사로잡힌 것이지요. 명문대를 나온 좋은 학벌과 뛰어난 피아노 실력, 높은 교양은 제게 아무런 도움을 주지 못했어요. 도리어 그 교양 때문에 위염과 편두통을 비롯한 온갖 병에 시달리며 몸도 마음도 찌들어 갔어요. 그때 제가 기댈 곳이라고는 오직 주님밖에 없었어요. 오직 말씀밖에 없었어요. 비로소 그때 주님을 만났답니다.

큐티를 시작한 것도 그 무렵부터예요. 주님을 만나고 날마다 큐티를 하니 저의 죄가 조금씩 보이기 시작했어요. 그동안 하나님 뜻대로 살지 못한 것이 너무 죄송했죠. 특히 청소년 시절에 "대학에 합격시켜 주시면 주의 일을 하겠다"고 서원기도를 하고는, 대학 진학 후 그 맹세를 까마득히 잊고 오직 '피아노로 성공하겠다'는 야망을 좇아 살아온 것이 한없이 부끄러웠답니다. 신□결혼한답시고 장로님, 권사님 집안으로 시집을 갔지만, 실상은 의사인 남편의 직업을 보고 결혼했던 죄도 깨달아졌어요. 시집살이의 모든 고난이 제 삶의 결론이라는 것이 깨달아진 것이에요.

그때부터 저는 성경공부 모임, 구역 모임, 큐티 모임 때마다, 전도할 때마다 사람들에게 말씀으로 깨달은 제 수치를 고백하기 시작했어요. "하나님 앞에서 저는 배설물 같고 티끌보다 못한 존재예요. 제 지식과 교양으로는 남편과 시어머니를 사랑할 수도 섬길 수도 없어요"라고 고백하게 되었죠.

그런데 저는 그때까지 목사가 되리라고는 꿈도 꾸지 못했어요. 신학 공부도 하지 않고 영어 성경도 제대로 읽지 않았어요. 큐티도 누구를 가르치기 위해서 한 것이 아니라 오직 '죽지 않으려고', '살려고' 했던 것이에요. 그런데 날마다 주신 말씀을 묵상하고, 제가 깨달은 것을 이웃들과 나누고, 저보다 어려운 사람들에게 들려주다 보니 저도 모르는 사이에 성경 실력이 쌓였답니다. 말씀을 묵상만 하는 것이 아니라 말씀대로 하나하나 삶에 적용했더니 그 말씀이 하나도 잊히지 않고 '내 것'이 되었어요. 성경 66권이 제 손바닥 안에 들어오게 된 것이죠.

# 어릴 때 들은 말씀은 소중한 재산

기독교 교육학자들은 사람이 가장 거듭나기 좋은 나이가 열두 살이라고 말해요. 즉, 아이에서 청소년으로 넘어가는 때가 예수님을 깊이 만나기 가장 좋은 때라는 것이죠. 그렇기에 이때를 결코 그냥 흘려보내서는 안 돼요.

그런데 이 세상에서는 교회를 다니지 않아도 공부만 잘하면 누구에게나 칭찬을 받아요. 설령 잘못을 저질러도 공부를 잘하면 '어쩌다 실수를 했겠지' 하고 쉽게 용서해주기도 합니다. 심지어 지각을 해도 공부 잘하는 아이는 별로 야단치지 않는데, 공부를 못하는 아이에게는 별 야단을 다 치죠. 성경을 몰라도, 기도를 안 해도, 큐티를 안 해도 공부만 잘하면 용서가 됩니다. 이게 바로 우리가 살고 있는 세상이에요.

그러나 공부를 잘하건 못하건, 누구든지 나를 위해 죽어주신 예수님을 깊이 만나지 못하면, 말씀이 들리지 않으면 하나님의 심판에서 자유로울 수 없어요. 하나님은 짐승의 표를 받은 사람들과 그 우상에게 경배하는 자들, 곧 하나님의 말씀을 통해 자기의 부족을 보지 못하는 사람에게는 '악하고 독한 종기 재앙'을 예고하셨어요(계 16:2).

하나님도, 예수님도 모르고, 말씀도 듣지 않으면 우리는 짐승의 가치관으로 살 수밖에 없답니다. 자라면서 줄곧 세상적인 가치관에 길들면 하나님의 말씀대로 믿고, 살고, 누리는 것이 불가능해요. 그러므로 어려서부터 기독교적인 가치관이 형성되어야 해요.

통계에 의하면 크리스천의 85퍼센트가 18세 이전에 예수님을 믿고 구원받았다고 해요. 이때가 구원의 확신을 갖기 가장 좋은 때라는 것이죠. 어렸을 때는 순수해서 성경의 가르침을 그대로 받아들이므로 나중에 은혜받기도 쉽고 신앙생활을 하기에도 좋아요. 하지만 성인이 되면 가치관이 바위처럼 완고하고 딱딱해져서 그것을 깨기가 힘들어요. 게다가 세상의 교육은 반反기독교적이기에 공부를 잘할수록 하나님으로부터 멀어지기 쉬워요. 하나님 없이 세상 지식만 쌓다 보면 하나님의 말씀보다 내가 가진 지

식을 우선하는 사람으로 자라게 된답니다.

하지만 아무리 아는 것이 많아도 하나님의 말씀을 모르면 점점 더 힘든 인생을 살게 된다는 걸 알아야 해요. 딱딱한 바위를 깨려면 강한 망치로 내리쳐야 하듯이 딱딱하게 굳어진 세상 가치관을 깨려면 정말 힘든 사건을 겪어야만 해요. 그러기 전에는 절대로 거기서 벗어날 수 없어요.

물론 이것이 절대적인 것은 아니에요. 늦은 나이에 믿음 생활을 시작했어도 은혜받고 구원받는 경우도 많아요. 다만 앞서 이야기 했듯 어릴 때엔 무엇이든 순수하게 받아들이기에 어려서 배운 성경, 어려서 다닌 교회가 자연스레 인생의 중심이 된답니다.

아이는 어른보다 집중도 잘하잖아요. 성전에서 키워지며 여호와 앞에서 자라난 사무엘이 위대한 선지자가 되었듯이(삼상 2:21), 어려서부터 듣고 배운 말씀은 무엇과도 비교할 수 없는 값진 재산이 된답니다. 그러므로 우리도 어릴 적부터 말씀을 익히고 교회에서 자라야 해요. 4대째 모태신앙인인 저도 교회에서 많은 시간을 보내며 자랐어요. 모태신앙이 '못해' 신앙이라고들 하지만, 그래도 은총을 받을 기회가 오면 절대 놓치지 않는 것이 바로 모태신앙의 저력이랍니다.

# 내 참모습을 보여주는 성경

저에게는 하루에도 수십 통의 메일이 온답니다. 대부분 신앙에 관한 질문인데, 그중 가장 많은 질문이 "목사님, 예수님만 믿으면 됐지 왜 성경을 읽어야 해요?"라는 것이에요.

성경은 하나님의 감동으로 된 책이에요. 사도 바울이 디모데에게 "너는 어려서부터 성경을 알았다"(딤후 3:15)라고 한 것처럼, 하나님의 감동으로 된 성경 말씀이 어려서부터 임하면 자기 실상을 파악하고 자기 주제를 알게 된답니다.

우리들교회 주일학교 학생들의 큐티 나눔 중에는 "내가 게임 중독인 것을 알았다", "내 주제가 학생인데 공부는 하지 않고 게임에만 빠져 있었다"라는 고백이 유난히 많아요. 성경에 "게임하지 말라"는 말씀이 있는 것도 아닌데, 어떻게 큐티를 하다가 자신이 게임 중독이라는 것을 깨달을 수 있겠어요? 그 비결은 바로 말씀을 통해 자신의 참모습을 본 것이에요. 이것이 말씀의 힘이랍니다. 여러분이 어린 시절부터 큐티를 해야 할 이유가 여기에 있어요.

이 세상에 죄를 안 짓는 사람은 없어요. 성경은 '모두가 죄인이고, 사람의 마음이 어려서부터 악하다'고 이야기해요(창 8:21). 겉으로 보기에 착하고, 공부를 잘한다고 해서 '그 친구 참 괜찮아!'라고 단정 짓는다면 그것은 '착각'이에요. 겉모습만 보고 사람을 판단하다 보면, 남에게 속아 넘어가기 십상이고 자신도 겉만 꾸미는 사람이 되기 쉽답니다. 이른바 '나도 속고 남도 속이는 사람'이 되고 마는 것이죠. 우리는 하나님의 은혜가 아니면 선을 행할 수 없는 죄인이에요. 어려서부터 악한 인간의 본성을 알고, 내 참모습을 알기 위해서는 반드시 성경을 읽어야 해요.

# 큐티, 말씀이신 예수님을 만나는 시간

태초에 말씀이 계시니라 이 말씀이 하나님과 함께 계셨으니 이 말씀은 곧 하나님이시니라 그가 태초에 하나님과 함께 계셨고 만물이 그로 말미암아 지은 바 되었으니 지은 것이 하나도 그가 없이는 된 것이 없느니라 그 안에 생명이 있었으니 이 생명은 사람들의 빛이라(요 1:1-4)

    사도 요한은 태초에 하나님과 함께 계신 예수님을 '말씀'이라고 표현했어요. 예수님을 가장 잘 표현해주는 단어 중 하나가 바로 말씀이기 때문이에요. 온 세상은 예수님으로 말미암아, 말씀으로 말미암아 만들어졌어요. 부모님도 친구도 학교도 모두 예수님으로, 말씀으로 말미암아 만들어졌는데, 믿지 않는 사람들은 "예수가 밥 먹여주냐?"라며 비아냥거리기도 해요. 예수님을 모르고 말씀을 모르니 그런 소리를 하는 것이지요.

큐티(QT)는 Quiet Time의 약자로 문자적으로는 '조용한 시간 또는 고요한 시간'이란 뜻이에요. 즉 큐티를 한다는 것은 '날마다 조용한 시간에 하나님의 말씀을 듣는 것'이지요.

이 세상 우주 만물도 말씀으로 지은 바 되었다고 해요(요 1:3). 말씀이 이 세상보다 먼저 있었던 거예요. 그래서 말씀을 알면 세상 만사를 이해하게 된답니다. 청소년 시절엔 진학과 진로, 친구 관계 등 궁금하고 걱정되는 일투성이지만, 말씀이 내 것이 되면 두려운 것도 없어지게 돼요. 이것이 말씀을 듣고 읽고 지키는 사람에게 주어지는 복이랍니다(계 1:3). 그래서 말씀이 들리는 것이 축복이에요. '말씀이 들린다'는 것은 예수님을 만났다는 징표이기도 해요. 나에게 예수님이 오시면 가장 먼저 '말씀'이 들리기 시작하기 때문이죠.

말씀은 누구에게나 들리지는 않아요. "명문대에 합격하게 해주셔서, 좋은 친구 만나게 해주셔서 감사해요"라며 하나님을 찬양해도, 말씀이 하나도 안 들리는 사람은 결국 예수님을 대적하는 사람이 되고 만답니다. 예수님은 자신들이 아브라함의 자손, 곧 믿음의 후손이라고 말하는 유대인들을 향해 "내 말이 너희 안에 있을 곳이 없으므로 나를 죽이려 하는도다"(요 8:37)라고 경고하셨어요. 교회를 아무리 열심히 다녀도 말씀이 들리지 않으면 예수님을 대적하는 사람이 될 수 있어요. 예수님을 십자가에 못 박도록 내어준 사람들도 이방인이 아니라, 유대인과 바리새인처럼 교회를 열심히 다니는 사람들이었어요.

교회에 열심히 다니고 성경을 많이 아는 사람이라고 해서 다 말씀이 잘 들리는 것은 아니에요. 그럴수록 자기 의의 잣대, 자기 지식의 잣대가 강하기에 큐티가 어려울 수도 있어요. 백지에 그림 그리기가 훨씬 쉬운 것처럼, 예수님을 처음 믿는 사람이 큐티를 더 잘할 수도 있어요.

말씀이 들렸으면 좋겠어

말씀을 모른 채 내 지식과 열심으로 예수님을 대적하는 사람이 되고 있지는 않나요? 내게 일어난 사건들을 말씀으로 해석하고, 하나님의 뜻을 잘 헤아리며 살아가는 여러분이 되기를 바라요.

# 쓴 말씀도 꿀처럼 달아지는 큐티

내가 천사에게 나아가 작은 두루마리를 달라 한즉 천사가 이르되 갖다 먹어
버리라 네 배에는 쓰나 네 입에는 꿀같이 달리라 하거늘 계 10:9

　요한계시록 10장을 보면 하나님이 사도 요한에게 하나님의 말
씀인 두루마리 책을 맡기시면서 "갖다 먹어버리라"고 말씀하세요.
구약의 에스겔 선지자에게도 "네 입을 벌리고 내가 네게 주는 것
을 먹으라"(겔 2:8)는 같은 말씀을 주셨어요. 하나님은 사도 요한에게
도, 에스겔 선지자에게도 말씀을 먹으라고 하셨어요. 이렇듯 하나
님은 우리에게 "말씀을 먹으라"고 명하세요. 그러므로 우리는 성
경을 읽는 데 그쳐서는 안 되고 반드시 '먹어야' 해요.

그런데 어떻게 말씀을 먹을 수 있을까요? 말씀을 먹으려면 먼저 내가 입을 벌려야 해요. 입을 벌리는 순종부터 해야 하죠. 신체가 건강하게 성장하려면 밥을 먹어야 하는데, 가족이 내 밥을 대신 먹어준다고 내 몸이 튼튼해지는 것은 아니잖아요. 마찬가지로 말씀도 엄마, 아빠, 형제자매가 대신 먹어주는 것이 아니에요. 밥을 먹을 때처럼 '내 입'을 벌려 '내 배'에 말씀을 채워 넣어야 해요. 말씀묵상도 누가 대신해주는 것이 아니라 '내가' 해야 합니다. 그래야 나의 믿음이 점점 자랄 수 있어요.

그런데 성경은 '교훈과 책망과 바르게 함과 의로 교육하기 위해'(딤후 3:16) 기록된 책이에요. 칭찬보다 우리를 책망하시는 말씀이 더 많죠. 천국 이야기보다 지옥 이야기가 훨씬 많이 나와요. 에스겔도 성경을 '애가와 애곡과 재앙의 말'이라고 했어요(겔 2:10). 그저 축복과 위로의 말씀만 있다면 좋을 텐데, 말씀에는 이처럼 이중성이 있어요. 달고도 쓰고, 쓰고도 달아요. 그러니 말씀을 꿀송이처럼 달게 먹기가 참 어렵죠. 애가와 애곡과 재앙의 글을 어떻게 달게 먹을 수 있겠어요?

그러니 말씀을 달게 받고, 그 말씀대로 산다는 것이 여간 어려운 일이 아니에요. 아이나 어른이나 다 마찬가지죠. 말씀을 기쁘게, 달게 먹어도 그 말씀대로 살고 삶에 적용하려면 내가 포기하고, 내려놓고, 버려야 할 것이 한두 가지가 아니에요. 구약의 예레미야 선지자는 하나님의 말씀을 지키기 위해 "기뻐하는 자의 모임 가운데 앉지 아니하며 즐거워하지도 아니하고 주의 손에 붙들려 홀로 앉았다"고 했어요(렘 15:17). 우리는 친구와 한 시도 떨어져 있기 싫은데, 예레미야 선지자는 말씀 때문에 홀로 있기를 자처했다니, 얼마나 외롭고 힘들었을까요? 그러니 믿음 약한 우리에겐 말씀이 쓰게 느껴질 수밖에 없어요.

이 쓴 말씀을 날마다 먹으려면, 더구나 꿀송이처럼 달게 먹으려면 한꺼번에 많이 먹어서는 안 돼요. 조금씩 오래오래 씹어 먹어야 해요. 그래야 단맛이 난답니다. 조금씩 오래 먹어야 말씀이 잘 소화되고, 내 몸의 영양소가 되고, 새로운 세포가 되어서 나를 새사람으로 거듭나게 하는 것이죠.

그런데 "저는 성경을 날마다 열 장씩 읽어요, 스무 장씩 읽어요, 성경을 일곱 번이나 읽었어요" 하고 자랑삼아 말하는 사람이 있어요. 그렇게 한꺼번에 많이 읽는다고 다 좋은 것이 아니랍니다. 음식을 한꺼번에 많이 먹으면 소화가 안 되고 배탈이 나듯 말씀도 마찬가지예요. 무엇이든 입에 잔뜩 넣고는 제대로 씹을 수가 없잖아요. 말씀도 날마다 조금씩, 몇 절씩 씹어 먹어야 합니다. 또 음식을 보기만 해서는 배가 부르지 않는 것처럼 말씀도 그저 눈으로만 읽으면 안 돼요. 눈으로만 읽으면 허투루 보고 지나치기가 쉬워요.

말씀은 반드시 꼭꼭 씹어 먹어야 해요. 그래야 말씀이 달아지고, 그 말씀 속에서 내가 보이기 시작해요. 지금껏 살면서 익숙해진 죄와 중독, 잘못된 습관들이 보이고, "그것을 끊으라" 하시는 하나님의 말씀이 나팔 소리처럼 크게 들리게 된답니다. 죄와 중독에서 벗어나는 것이 얼마나 힘든 일인가요. 정말 힘든 전투를 치러야 합니다. 그러니 아무리 내게 유익한 말씀도 삶에 적용하려면 쓴맛이 나는 것이죠. 하지만 날마다 말씀을 먹으며 세상과 전투를 치르다 보면, 내 삶이 하루하루 말씀대로 이루어져 가는 것을 경험할 수 있어요. 그것이 바로 말씀대로 믿고, 말씀대로 살고, 말씀대로 누리는 삶, 하나님과 동행하는 삶이랍니다.

# 나의 죄를 보는 큐티

말씀을 통해 나의 육적인 사건을 영적으로 해석하고, 나의 죄를 회개하며 사는 것이야말로 최고의 인생을 사는 것이에요. 그런 사람은 이 땅에서도 천국을 누린답니다.

그러려면 무엇보다 큐티를 해야 해요. 저는 주님 앞에 내 부끄러운 문제를 내놓는 것이 '진짜 큐티'라고 생각해요. 큐티는 하나님이 오늘 나에게 주신 말씀으로 나의 부족과 더러움, 마귀가 덧뿌리고 간 내 속의 가라지를 보는 것이에요(마 13:25). 하나님의 말씀으로 내 욕심과 내 죄를 가지치기하고, 내 생각을 내려놓는 것이에요. 큐티는 자신을 버리고 하나님의 뜻과 생각으로 나를 채우는 시간이에요. 우리가 말씀을 모르고는 내 죄나 부끄러움을 알 수가 없어요.

말씀을 보면서 내 죄와 부끄러움을 주님 앞에 내놓고, 그것을 하나하나 해결해나감으로써 점점 예수님을 닮아가는 것이 큐티랍니다.

그래서 말씀을 묵상할 때는 다른 사람이 아닌 '내 죄'를 보아야 해요. 큐티하면서 '이 본문은 욕심 많은 우리 엄마가 봐야 해!', '이 말씀은 나를 괴롭히는 그 친구가 들어야 하는데' 하고 아쉬워하는 친구들을 종종 보는데, 말씀을 볼 때는 언제나 '내게 주시는 음성'으로 들어야 합니다. 큐티를 한다고 말하면서도 내 부끄러움을 들추는 사람들에게 화를 내거나, 다른 사람의 부끄러움을 비판하는 사람은 진짜 큐티를 하지 않는 것이에요.

제가 발행하고 있는 청소년을 위한 말씀묵상 잡지인 《청소년 큐티인》에는 말씀을 통해 부끄러운 죄를 솔직히 고백하며 회개하는 청소년들의 큐티 간증이 실려있어요. 부모님이 싸워도, 집이 망해도, 왕따를 당해도 '나의 죄를 먼저 돌아보는 큐티'를 통해 많은 청소년이 나를 향한 하나님의 참 계획을 깨닫고 있답니다. 그렇게 말씀으로 깨달은 자신의 죄를 간증하며 반짝반짝 닦아서 내어놓았더니, 그것이 똑같은 아픔으로 고통당하는 다른 친구들을 살리는 약재료가 되고 있어요.

어떤 친구는 그 간증을 보고 "왜 죄를 고백해야 해요? 세상에서 그렇게 했다간 친구들에게 놀림만 받고 왕따당하기 십상이에요"라고 해요. 간증은 내가 잘나서 내 자랑을 늘어놓는 것이 아니기에 그런 놀림을 당할 수도 있겠지요. 그러나 내 죄를 깨닫고 내 죄를 고백하는 사람은 하나님께서 결코 잊지 않으세요. 늘 찾아오셔서 "너는 내 아들이라. 너를 둘도 없이 사랑한다"고 하세요. 내가 비록 구겨지고 상했어도 하나님의 형상을 지닌 하나님의 자녀이기에 하나님께서 더없이 소중하고 가치 있게 여겨주세요.

# 날마다 큐티하며 하나님과 동행하기

제가 목사가 되기 전에 처음 큐티 모임을 할 때는 주로 우리 집에서 모였답니다. 잘사는 사람, 못사는 사람, 배운 사람, 못 배운 사람 할 것 없이 많은 사람이 모였어요. 그런데 잘사는 사람일수록, 배운 사람일수록 그렇지 못한 사람이 모임에 오면 눈살을 찌푸리는 경우가 종종 있었어요. 성경공부도 끼리끼리 하고 싶고, 노는 것도 끼리끼리 하고 싶고…… 그런 마음이 저라고 왜 없었겠어요. 이왕이면 가방끈 길고 교양 있는 사람끼리 모여서 큐티하면 뭐가 좋아도 좋을 것 같은 생각이 들기도 했죠.

그런데 저는 죽어라 말씀을 묵상해서 그것을 나누는데, 교양 있는 엄마들은 좀체 제 말을 못 알아들었어요. 제가 일주일 동안 열심히 묵상하고 깨달은 것을 무색하게 만들었죠. 모이기만 하면 제 나눔에는 관심도 없고, 그저 "어디 백화점에 무슨 신상이 나왔더라, 아무개 배우가 입은 원피스가 참 이쁘더라" 이런 이야기만 했어요. 그래도 큐티 모임에 와준 것이 감사해서 예쁘게 봐주려 해도 그런 모습을 보면 절망하지 않을 수 없었답니다.

그런데 가방끈도 짧고 형편이 어려울수록, 고난이 많은 분일수록 "집사님, 어쩌면 그렇게 말씀을 잘 깨달을 수가 있어요? 너무 은혜가 됐어요"라고 하셨어요. 그런 분들이 오면 제 입에서 "오, 주여" 하는 말이 절로 튀어나왔죠. 잘사는 사람은 저희 집에 올 때 예의상 빵이라도 한 봉지 사서 들고 오는데, 힘들고 어려운 사람들은 늘 빈손으로 왔어요. 그래도 제가 누구를 더 반가워했겠어요?

사람은 떡으로만 사는 것이 아니랍니다. 앞으로 세상에 나아가 치열히 경쟁하며 살아가야 할 우리 청소년들은 이것을 반드시 알아야 해요.

창세기를 보면 아담의 자녀인 가인의 후손들은 가축을 치고 수금과 퉁소로 음악을 만들고, 구리와 쇠로 문명을 일구었다고 해요 (창 4:20-22). 오늘날로 바꾸어 말하면 하버드, 줄리아드, MIT를 다니면서 고급문화를 즐기고, 고급 승용차를 타고, 고급 레스토랑에서 티본 스테이크를 썰며, 화려한 세상을 누리며 살았던 것이에요.

아담의 다른 자녀인 셋의 후손들은 그런 그들을 보면서 믿음을 지키기가 얼마나 힘들었을까요? 눈에 보이지나 않으면 마음이 덜 불편할 텐데, 하나님 없이 잘 먹고 잘사는 사촌 팔촌들이 곁에서 보란 듯이 마음껏 누리며 살고 있으니 얼마나 괴로웠겠어요.

나는 교회 나와 예배드리느라 주일에 학원도 못 가고 놀러도 못 다니는데, 믿지 않는 친구들은 주일에 룰루랄라 놀러도 다니고, 더 많이 공부해서 성적도 좋으니 속이 상해 견딜 수 없는 것과 마찬가지죠.

그러나 가인의 후손은 아무리 잘살고 똑똑했어도 예수님의 계보에 이름 한 자 올리지 못했답니다. 반면 셋의 후손인 에녹은 보여줄 것 없는 자녀를 키우며 하나님과 동행했다고 해요(창 5:22). '하나님과 동행했다'는 뜻의 '할라크'라는 표현은 말 그대로 '주님과 같이 걷는 것'을 뜻해요. 주님이 빨리 걸으시면 빨리 따라 걷고, 천천히 걸으시면 나도 맞추어 천천히 걷는 것이죠.

그러나 우리는 하나님의 보폭에 맞추어 나아가기를 너무 어려워해요. 빨리 걸으시면 숨이 차다고 불평하고, 천천히 걸으시면 답답해서 주님을 훌쩍 앞서가고 싶어서 안달이 나요. 하나님의 관점이 내 관점이 되고, 주님의 보폭이 나의 보폭이 되려면 무엇보다 믿음이 자라야 해요. 하루아침에 그렇게 될 수가 없어요. 그래서 날마다, 하루도 거르지 않고 말씀을 묵상해야 하는 것이랍

니다. 날마다 말씀을 듣고 묵상하면서 하나님께 길을 묻고 그 길
을 따라 걷는 것이 곧 하나님과 동행하는 삶이에요.

하지만 이것만큼 어려운 일도 없어요. 내 눈에 좋아 보이는 것
을 따르려는 욕심을 다 물리치면서 가야 하기 때문이죠. 그렇다
고 해서 하나님과 동행하는 것이 거창한 것은 아니랍니다. 날마
다 큐티하며 그날 주신 말씀에서 내 삶에 적용해야 할 것이 무
엇인지 찾아내고, 그것을 하루하루 일상생활에서 실천해 나가는
것, 그것이 바로 하나님과 동행하는 인생이랍니다.

저는 '큐티의 꽃은 적용'이라고 말하고 싶어요. 아무리 말씀을 달달 읽고 깨닫고 나누어도 막상 내 삶에 적용하지 않으면 말씀을 모르는 것만 못하죠. 말씀을 읽으면서 하나님은 어떤 분이신가 알아가는 것도 중요하지만 하나님의 성품에 합당한 사람으로 나를 맞춰 사는 것이 더 중요해요.

성경 지식을 늘리기 위해서가 아니라 삶을 변화시켜서 예수님을 닮아 가는 것이 큐티를 하는 진짜 이유예요. 경건의 시간을 갖는 것에서 그치는 것이 아니라 '성경을 묵상하고 말씀대로 하루 한 가지라도 실천하는 것', 그것이 큐티의 올바른 정의라고 생각해요. 하루도 빠짐없이 큐티한다고 해서 내 믿음이 좋다고 착각해서는 안 돼요. 말씀으로 기도하며 적용하는 삶이 없다면 큐티도 그저 형식과 자랑에 그칠 수도 있음을 잊지 마세요.

큐티의 꽃은
적용

# 청소년 아들과의 큐티

제가 자녀를 키울 때 유별난 비결은 없었어요. 특별한 게 있다면 오직 아이들과 '큐티'를 같이한 것이랍니다. 특별한 과외를 시킨 것도 아니고, 엄하게 훈육하며 가정교육을 한 것도 아니었어요. 다만 억지로라도 큐티를 하게 했어요.

아들은 '잠병'에 걸린 게 아닌가 의심될 정도로 잠만 잤어요. 그래서 아들을 위해 새벽 큐티 모임을 만들기도 했어요. 또래의 아이들을 우리 집에 모이게 해서 큐티 모임을 하는데, 제 아들은 "큐티하자"고 해도 제 방에서 잠만 잤어요. 종일 잠만 자서 인생이 끝나 보이고, 대학도 못 갈 것 같던 아들이었죠. 그러나 신학을 공부해서 지금은 목사가 되었답니다.

저는 아들의 미래가 보이지 않는 가운데서도 오직 큐티로 말씀을 가르치면서 산 소망을 가졌답니다. 그 아들이 이제 바라던 것의 실상이 되었고, 보이지 않던 것의 증거가 되었어요(히 11:1). 세상적으로는 부족해 보일지라도 나의 자녀가 이렇게 훌륭한 영적 후사가 된 비결은 따로 없어요. 오직 '큐티'예요. 큐티가 우선이에요. 말씀이면 안되는 것이 없어요. 큐티를 통해 평소 하나님과 친해지면 내게 일이 생겼을 때 하나님이 친히 도와주세요. 그날 주신 말씀을 가지고 나를 돌아보면서 기도하면, 친구와 싸워도, 입학 시험이 와도 안절부절못할 필요가 없어요. 평소에 말씀 보고 기도하던 대로 하면 되는 것이죠. 오히려 말씀이 없으면 우리는 이 땅에서 어떻게 살아갈지를 알 수 없어요.

1992년 12월 22일, 아들이 첫 수능시험을 치르러 가는 날이었어요. 26년 전의 일인데도 저는 그 날짜까지 잊지 못해요. 아침에 아들과 함께 큐티를 하는데 심상치 않은 말씀을 주신 거예요.

우리가 너희와 함께 있을 때에 장차 받을 환난을 너희에게 미리 말하였는데 과연 그렇게 된 것을 너희가 아느니라(살전 3:4)

아들이 "엄마, 조짐이 수상하잖아?" 했고 저 역시 조짐이 이상하다고 느꼈죠. 고3 때 마지막 모의고사를 치르면서 3일 동안 금식하고는 수능시험이 가까워지니 또 "금식할까?" 하던 아들이었어요. 그러나 아들은 여전히 성경도 안 보고, 공부도 안 했어요. 금식하면 자기 죄를 보고 애통해야 하는데, 그게 안됐던 것이죠. 자기는 욕심도 안 부리고 도둑질도 안 했으니 아무리 생각해도 회개할 게 없다는 거예요.

저는 그런 아들의 금식을 말리지 않았어요. 대신 아들이 금식했을 때 "네가 서울대 붙은 것보다 더 기쁘다"고 했더니 아들은 아침마다 순전한 마음으로 큐티를 하며, "아멘! 아멘!" 했답니다. 그게 너무 예쁘고 귀여워서 저도 하나님께 "아들을 대학에 붙여 달라"고 간절히 기도했어요. "하나님이 제일 좋은 결론으로 인도해주시라"고 기도했죠.

이러므로 나도 참다못하여 너의 믿음을 알기 위하여 그를 보내었노니 이는 혹 시험하는 자가 너희를 시험하여 우리 수고를 헛되게 할까 함이니 (살전 3:5)

그러다 수능시험 보는 날 말씀이 "시험하는 자가 시험을 한다"고 하니까, 저도 참다못해 아들의 믿음을 알기 위해 이렇게 물어봤어요. "사탄이 와서 너를 시험하면, 금식을 세 번이나 했는데 성적이 안 좋아서 좋은 대학에 못 가면 어떡할 거냐?" 그랬더니 아들은 "금식해도 큐티가 잘 안되는 걸 어떡하느냐"고 했어요. 잘 안된다는 거예요. 안 깨달아져서 큐티를 못한다는 것이었어요. 금식을 세 번이나, 3일이나 했어도 말씀이 안 깨달아지는 걸 저라고 어찌하나요? 금식이라도 하면 될 것 같았는데, 하나님은 결국 아들의 안되는 모습을 보여주셨어요.

지금은 디모데가 너희에게로부터 와서 너희 믿음과 사랑의 기쁜 소식을 우리에게 전하고 또 너희가 항상 우리를 잘 생각하여 우리가 너희를 간절히 보고자 함과 같이 너희도 우리를 간절히 보고자 한다 하니(살전 3:6)

　제 아들은 놀러 다니거나 엄마를 속이거나 어디 가서 사고를 친 적도 없었답니다. 그저 잠을 많이 잔 것뿐이에요. 아들은 어렸을 때부터 잠이 많았어요. 일찍 자고 늦게 일어나고…… 그 '잠병'이 진짜 안 고쳐질 것 같았어요. "손주가 하도 잠을 많이 자서 우리 집이 잘된다"고 시어머니께 칭찬도 받았지만 결국 그 늦잠 버릇 때문에 수능성적 결과가 좋지 않았어요.

　저는 아들과 함께 큐티를 하며 "네가 엄마의 수고를 헛되게 하는 것은 교회도 안 나가고 큐티도 안 하는 것인데 앞으로 어쩔 거냐?" 물었습니다. 그런데 아들의 대답이 저를 기쁘게 했어요. "난

계속 큐티를 할 거고, 엄마를 신뢰할 거야. 공부 안 해서 떨어지는 건 당연하지. 근데 만약 떨어져서 재수하게 되면 더 좋은 대학 가라는 하나님의 음성이야" 하며 열심히 해보겠다고 했어요. 이처럼 '시험'에서 이기는 길은 어떤 일이 와도 하나님에 대한 간절함을 잃지 않는 것이에요. 어떤 일이 닥쳐와도 성경을 간절히 보고자 하고, 하나님을 간절히 보고자 해야 합니다.

이러므로 형제들아 우리가 모든 궁핍과 환난 가운데서 너희 믿음으로 말미암아 너희에게 위로를 받았노라(살전 3:7)

이것은 저의 고백이기도 해요. 그때까지 저에게도 궁핍과 환난이 있었답니다. 남편을 먼저 하늘나라로 보낸 후 계속 환난이 왔고 궁핍했어요. 그런데 아들과 이런 나눔을 하는 것 자체가 저에게 위로가 되었어요. 안된 일로 하나님이 찾아오셔서 위로해주신 것이에요. 아무튼 아들은 학교도 졸업하고, 결혼도 하고, 목사도 되고, 나름 이룰 것은 다 이루었어요. 그런 아들을 저는 한때 문제라고 생각했어요. "잠을 좀 많이 자긴 하지만 그렇다고 잘못한 게 뭐가 있는가?" 하면 되는데, 제가 잠을 많이 안 자니까 잠 많은 아들을 있는 그대로 받아들이지 못했던 것이죠. 결국엔 제가 문제 부모였던 것이에요.

# 날마다 큐티하며 해석해간 딸의 입시 고난

이 땅의 모든 청소년이 입시에 사활을 겁니다. 제 자녀들도 그런 시기를 겪었어요. 하지만 앞서 나누었듯 제 아들은 날마다 저와 함께 큐티를 하며 그 어려운 시기를 헤쳐 나왔답니다. 제 딸도 마찬가지였죠.

제가 초등학교 학부모 큐티 모임을 인도할 무렵이었어요. 당시 저는 잘나가는 예원학교와 서울예고 선생으로, 큐티 모임을 하며 학부모들을 전도했어요. 딸이 다녔던 초등학교는 전원 예원, 예중 진학률을 자랑하고, 항상 수석 입학자가 나오는 학교였답니다. 그해에도 역대 최다 지원자인 30명이 예중 시험을 봤어요. 그런데 우리 딸만 뚝 떨어져서 학교의 기록이 깨지고 말았어요. 오

직 예원 선생 딸만 떨어지는 바람에요.

엄마도 멀쩡하고 딸도 멀쩡한데 "왜 하필 우리 아이만 떨어졌는가?" 했어요. 게다가 저는 딸이 초등학교 3학년일 때부터 우리 집에서 학부형 엄마들 큐티 모임을 인도해왔기에, 딸의 불합격 소식은 그야말로 쪽팔리는 사건이었죠. 모임엔 처음 예수님을 믿는 엄마들이 대부분이라 꼭 붙여주셔야 했는데, 유독 딸만 떨어졌어요. 시험이 끝나고 나니 아무도 큐티 모임에 나오지 않았어요. 그러니 이것이 제게 얼마나 고난이었겠어요?

딸이 시험을 보던 날 큐티 본문인 요한계시록 22장 12절 말씀에 "보라 내가 속히 오리니 내가 줄 상이 있다"고 하셔서 결과가 좋을 줄 알았는데, 시험을 치르고 난 이튿날 말씀이 욥기 1장이었어요. 1절에 "욥이 온전하고 정직하여 하나님을 경외하며 악에서 떠난 자"라고 하시더니, 21절에 "주신 이도 여호와시요 거두신 이도 여호와"라고 하셔서 좀 수상하다 싶었어요. 그런데 합격자 발표 날에는 5장 7절에서 "사람은 고생을 위하여 났다"고 하시고, 18절에서는 "하나님은 아프게 하시다가 싸매시며 상하게 하시다가 그의 손으로 고치신다"고 하시고, 19절과 24절에서는 "여섯 가지 환난에서 너를 구원하시며 일곱 가지 환난이라도 그 재앙이 네게 미치지 않게 하시며, 네가 네 장막의 평안함을 알고 네 우리를 살펴도 잃은 것이 없을 것"이라고 하셨어요. 게다가 25절에 가서는 "네 자손이 많아지며 네 후손이 땅의 풀과 같이 될 줄을 네가 알 것이라"는 것이었어요. 그 말씀을 듣고 발표장에 갔는데, 그만 중학교 입시에 똑 떨어진 것이랍니다.

　모든 말씀을 찰떡같이 알아들었으니 지금까지 기억이 생생하답니다. 아무튼 아들도 속을 썩이는 상황에 딸까지 입시에 떨어지고, 젊은 과부인 데다가 자녀들이 잘되는 것도 없어 보이니 누가 제 큐티 모임에 오고 싶어 했겠어요?

　이후 딸은 집 앞에 있는 중학교를 다니며 3년 동안 독학하다시피 피아노를 쳤어요. 저도 피아노를 전공하고 서울예고 선생까지 했지만, 딸의 예고 입시를 위해서 목숨을 걸지는 않았어요. 그런데 딸이 서울예고 시험을 치르던 날 큐티 본문이 "그가 이같이 큰 사망에서 우리를 건지셨고 또 건지실 것이며 이후에도 건지시기를 그에게 바라노라"(고후 1:10)는 말씀이어서 왠지 붙을 것 같은 예감이 들었답니다. 아니나 다를까 모두가 주목하고 있을 때는 똑 떨어졌던 딸이 아무도 쳐다보지 않는 무관심 속에서 서울예고에 척 붙은 것이 아니겠어요.

　딸이 고3이 되어서는 인대가 늘어나서 팔에 깁스를 하는 바람에 시험을 치르기가 힘들었어요. 그런 가운데 복수지원한 두 학교에서 번갈아 실기를 치렀죠. 그런데 큐티 말씀에서 "내가 너를 무화과나무 아래에서 보았다 하므로 믿느냐 이보다 더 큰일을 보리라 또 이르시되 진실로 진실로 너희에게 이르노니 하늘이 열리고 하나님의 사자들이 인자 위에 오르락내리락하는 것을 보리라 하시니라"(요 1:50-51)고 하시기에 "얘, 학교에 붙고 떨어지는 것이 문제가 아니라 하나님이 더 크고 기이한 영적인 일을 보이시겠단다" 하고 해석을 해주었더니 말이 씨가 되었는지 딸은 모든 시험에서 뚝 떨어지고 말았어요.

그래서 재수를 하게 되었는데, 어릴 때부터 함께 큐티하고 말씀을 나눠도 친구 한 명 양육 못 하던 딸이 글쎄 재수를 하면서 친구들을 말씀으로 양육하는 게 아니겠어요. 아침에 나눈 큐티를 친구에게 나눠 주니 친구들이 좋아하며 날마다 하자고 했답니다. 지나고 보니 딸아이는 큐티 전도사로 재수 학원에 파송됐던 것 같아요. 그 후부터 딸은 저와 큐티할 때 더 진지해지고, 열심히 들었죠. 딸과 함께 큐티를 나누는 친구들도 한 명, 한 명 늘어났어요. 그때마다 딸이 얼마나 기뻐했는지 몰라요.

여기까지는 참 좋았어요. 그런데 시험을 치르는 날 큐티를 하는데 "내가 사망의 음침한 골짜기로 다닐지라도"(시 23:4)라는 구절이 나왔어요. "여호와는 나의 목자시니"에서 은혜를 받기 원하는 마

음이 있었지만, "사망의 음침한 골짜기"를 읽으면서 왠지 수상한 마음이 들었죠. 그런데 실기 시험 둘째 날에 진짜 '사망의 음침한 골짜기를 헤매는' 일이 생겼답니다. 평소 딸이 자신 있어 하던 곡을 연주했는데, 그만 어마어마한 실수를 한 것이에요. 재수해서 다른 친구들 보다 1년이나 더 연습한 곡이었는데…….

딸은 집으로 돌아와서 방문을 닫고 꺼이꺼이 울었어요. 방문을 두드려도 문을 열어주지 않았어요. '아무리 어려서부터 교회를 다니고 큐티를 했어도 어린 딸이 어떻게 이것을 해석할 수 있을까' 저도 많이 걱정이 되었죠. 딸은 한동안 방 안에서만 지내며 밥도 물도 못 먹었어요. 그런데 이 세상에서 한계가 있는 고난을 당하는 것이 정말 축복인 것 같아요. 딸이 혼자 새벽 기도를 간 것이에요. 딸은 하나님께 눈물을 흘리면서 따졌다고 해요.

그런데 하나님은 날마다 딸아이에게 맞는 말씀으로 인도해주셨어요. 때마침 그때 딸과 함께 시편 25편을 묵상하는데 "주여 내가 수치를 당하게 되었나이다"라는 구절이 세 번이나 나오면서 20절에는 "내 영혼을 지켜 나를 구원하소서"라는 말씀이 나왔어요. 이 말씀이 일곱 우레 나팔 소리처럼 딸한테 들렸답니다. 딸의 눈에서 눈물이 폭포수처럼 터졌어요.

"학창 시절 교회에서 반주자로 봉사하고 주의 일을 한다고 생각

했지만, 사실은 주의 일을 할 생각이 하나도 없었어요. 이제는 주의 일을 제대로 할게요. 하나님, 저를 용서해주세요."

딸에게 회개가 뻥 터지는 역사가 일어난 것이에요. 저는 딸의 손을 붙잡고 "네가 서울대 간 것보다 백 배 좋다. 왜 주의 일을 못 하겠니? 왜 선교를 못 하겠니? 얼마든지 잘할 수 있으니 염려 마라. 하나님이 너를 크게 쓰실 거야"라고 위로했어요.

그리고 그날 저는 한 선교사 모임에서 이 간증을 했어요. "정말 딸이 서울대 붙은 것보다 기쁘다. 딸아이가 너무 모범생이라 주님을 만나기가 쉽지 않았는데, 이렇게 땅끝까지 내려가 입이 바짝 타오르고, 아무것도 된 일이 없는 고난 가운데서 주의 일을 하겠다고 서원하니 감사하다"는 간증을 했어요. 그런데 진짜 역사는 그다음에 일어났어요. 딸이 대학 떨어진 것을 간증하고 집에 들어왔는데 글쎄 우리 딸이 붙었다는 거예요. 있을 수 없는 일이 일어난 것이죠.

이튿날 '실기를 치르며 틀리기도 하고 연주 도중에 멈추었는데 어찌해서 붙었나?' 궁금해서 그 시험을 채점하신 교수님을 수소문해서 물어보았더니 "아, 틀리고 멈춘 애!" 하고 딸을 금방 기억하셨어요. 그날 연주를 중단하고 실수한 학생은 딸 외에는 아무도 없어서 쉽게 기억하셨던 것이에요. 교수님은 "걔가 음악성이 너무 좋았다. 걔를 떨어뜨리면 학교가 손해라는 생각이 들었다. 그래서 어떻게든 턱걸이로라도 붙기만 하라는 마음으로 최고점을 줬다"면서 "내가 그 학생이 누군지도 모르는데 최고점을 줬잖아요?" 하셨어요.

그래요. 입시의 주인도 우리 주님이세요. 입시에 붙고 떨어지는 것도 그때마다 주시는 말씀이 있으니 해석이 되는 것이죠.

이후 딸은 대학에서 큐티 모임을 인도하고, 대학원에서도 인도를 했어요. 정말 더 크고 영적인 일을 보이신 것이죠. 그리고 갈등도 없이 전도사와 결혼해서 이제는 목사의 사모로, 또 목회자로 믿음의 공동체를 섬기고 있어요.

딸이 무언가 되어서 이런 이야기를 하는 것이 아니에요. 입시를 치르며 여섯 가지 환난, 일곱 가지 환난이 계속 오고 갔어요. 그러나 그런 가운데서 딸은 큐티를 열심히 했어요. 힘들 때마다 말씀을 기억하고 일어섰어요. 떨어지면 떨어지는 대로, 붙으면 붙은 대로 그날 말씀을 기억하면 이것이 심히 창대해지는 것이라고 말하고 싶어요. 때마다 말씀을 보는 것이 그래서 매우 중요해요.

# 말씀에서 찾는 참 지혜

언젠가 이 시대의 지성知性으로 불리는 이어령 씨의 간증을 읽었어요.

그분이 초등학교 시절 수업 중에 여러 가지 동물과 운송수단의 시속을 비교하는 시간이 있었대요. "제비, 까마귀, 기차 중에 무엇이 제일 빠를까요?" 하면서 선생님이 열심히 가르치시는데, 그때 이어령 씨는 '왜 저런 걸 가르쳐주실까? 내가 궁금한 건 새 중에 왜 제비만 사람을 무서워하지 않고 사람이 사는 집에, 그것도 안채에까지 와서 집을 지을까 그런 건데. 또 어미 제비가 새끼들에게 먹이를 주는 걸 보면 제대로 보지도 않고 새끼들의 입에 척척 넣어주는데, 어느 새끼가 많이 먹고 어느 새끼가 적게 먹었는지를 어떻게 분간하는지 그게 묻고 싶은데……' 이런 생각을 했다고 해요. 그래서 선생님께 그 질문을 했다가 수업 내용과 다른 쓸데없는 질문을 한다고 뺨을 맞았대요.

청소년 시절엔 궁금한 것도 많고, 어른들에게 물어볼 것도 많죠. 그래서 엄마에게 "엄마, 새는 왜 울어?" 하고 물어보면, "내가 새냐! 그걸 왜 나한테 물어!!" 이런 소리나 듣기 십상이에요. 사람들은 같은 질문을 두 번만 해도 짜증을 내고 귀찮아하잖아요. 하지만 하나님은 묻고, 또 물어도 능히 대답해주시고 결코 꾸짖지 않으세요.

"너희 중에 누구든지 지혜가 부족하거든 모든 사람에게 후히 주시고 꾸짖지 아니하시는 하나님께 구하라 그리하면 주시리라"(약 1:5)고 하셨어요. 그러므로 우리가 여러 가지 시험을 당할 때도 사람에게 묻지 말고 하나님께 물어야 해요. 하나님의 말씀에서 지혜를 구해야 해요. 하나님의 지혜가 아닌 사람의 지혜로는 어떤 문제도 해결할 수 없어요.

친구가 이유 없이 나를 따돌리는데, 선생님을 찾아가고 상담소를 찾아간다고 해결이 되나요? 지혜가 생기나요? 부모님께 묻고 다른 친구에게 묻는다고 속 시원한 대답이 나오나요? 잠시 들어주는 것 같다가도 자꾸 물어보면 "제발 그만 좀 해라. 이젠 듣기도 지겹다"고 해요. 골치 아픈 문제를 상담해오는 친구의 전화는 아예 안 받는 친구들도 있어요. 나는 잠도 못 자고 밥도 못 먹으면서 속이 타들어 가는데, 내가 필요할 때마다 들어주고 대답해주는 사람은 찾아볼 수 없어요. 나만 그런 게 아니라 누구나 그래요.

이어령 씨는 "의심으로 구해서 지성이 생기지만, 믿음으로 구하면 영성이 생긴다"고 했어요. 제비에 대한 의심을 가지고 열심히 관찰한 결과 새끼 제비들이 배고픈 만큼만 입을 벌린다는 걸 알게 됐대요. 하지만 왜 제비가 사람을 무서워하지 않고 처마 밑에 집을 짓는지는 의심만으로는 해결이 안 됐다고 해요. 그런데 나이가 들어 예수님을 믿고 세례를 받은 후에 그 의문이 풀렸답니다. 모든 짐승은 인간을 천적으로 의심하고 도망가는데 유독 제비만 사람을 의심하지 않고, 자신들의 천적도 인간이 막아줄 것이라는 믿음이 있기에 사람 곁에 둥지를 튼다는 걸 깨달았대요. 제비가 믿고 둥지를 틀었더니 희한하게도 인간도 제비를 죽이지 않았고, 심지어 다른 천적으로부터 보호도 해주고, 다치면 다리까지 고쳐준다는 것을 깨달은 것이죠.

시편에 이런 말씀이 있어요. "나의 왕, 나의 하나님, 만군의 여호와여 주의 제단에서 참새도 제집을 얻고 제비도 새끼 둘 보금

자리를 얻었나이다"(시 84:3). 참새도 제비도 제단 옆에 둥지를 틀고 있으면 하나님이 보호하신다는 고백이에요.

이것은 사람의 지성만으로는 알 수 없는 지혜예요. 하나님을 모르면 알 수 없는 지혜죠. 이렇듯 의심이 아닌 믿음으로 하나님께 구하면 어떤 학문으로도 얻을 수 없는 지혜를 얻을 수 있어요. 100% 옳으신 하나님을 100% 신뢰하며 믿음으로 구하고, 그 말씀에 귀 기울이면 여러 가지 어려움 가운데서도 인내하며 삶의 지혜를 얻을 수 있답니다. 우리가 청소년 시절에 큐티를 해야 할 이유가 바로 여기에 있어요.

제2장

/

# 내 삶을 해석하는 큐티 훈련

큐티 연습편

# Part 1.
# 큐티하는 나의 마음 밭 점검하기

친구들이 아침에 일어나서 가장 먼저 하는 일은 무엇인가요? 허둥지둥 학교 갈 준비를 하느라 큐티는 새까맣게 잊고, 주말 아침엔 늑장을 부리면서 스마트폰만 들여다보지는 않나요? 세상에 성경보다 재밌고 궁금한 게 많은데, 아침부터 말씀을 보는 것은 참 쉽지 않은 일이에요. 큐티를 매일, 꾸준히 하는 건 더더욱 쉽지 않죠. 하지만 하나님의 말씀을 보는 것이 늘 내 삶의 우선순위가 되어야 해요. 날마다 큐티하면 아무리 어렵고 힘든 일이 생기더라도 길을 찾을 수 있어요. 바로 말씀 속에 답이 있기 때문이에요.

앞서 큐티에 대해 개념적으로 설명했다면 이제부터는 큐티가 무엇인지 '실제적'으로 살펴보려고 해요.

앞장에서도 언급했듯이 큐티를 한다는 것은 '날마다 조용한 시간에 하나님의 말씀을 듣는 것'이지요. 그러나 단순히 말씀을 듣는 것으로만 큐티를 끝내서는 안 돼요. 성경에 나오는 아브라함을 비롯한 수많은 믿음의 조상의 삶 속에서 내 모습을 발견하는 것이 진정한 큐티랍니다. 그렇게 성경을 차례대로 읽어가다 보면 내 죄가 보이게 되고, 자신의 연약함을 그대로 드러낸 믿음의 조상들처럼 '나 역시 주님의 은혜 없이는 살 수 없는 존재'라는 사실을 깨닫게 되죠. 그래서 큐티는 날마다 해야 하는 삶의 과정이에요. 매일매일 거룩을 이루어가는 신앙 훈련이 바로 큐티랍니다.

그런데 날마다 말씀을 듣고 보아도 모두가 똑같이 받아들이는 것은 아니에요. 누군가는 나에게 주시는 말씀으로 듣고 마음에 새기지만, 누군가는 나와 상관없는 이야기로 여기며 흘려 버리죠. 예수님은 누가복음 8장의 '씨 뿌리는 비유'를 통해 우리가 말씀을 받아들이는 자세를 길가와 바위 위, 가시덤불, 좋은 땅으로 비유하셨어요. 여기서 각 땅은 우리의 마음 밭을, 씨앗은 하나님께서 주신 최상의 것, 복음을 의미한답니다.

씨앗이 길가에 떨어지면 새들이 와서 다 먹어버리고 말아요. 즉, 길가는 믿음이 깊지 못해서 말씀을 새겨듣지 못하는 사람을

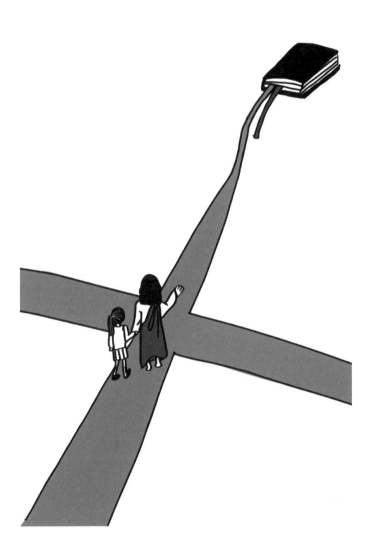

말해요. 이런 사람은 날마다 앉아서 오는 사람 가는 사람 말 다 듣고 궁금해하지만, 길가에 앉아 있기에 중심이 없어요. 우리 중에도 마치 길가와 같은 마음 밭을 가진 친구들이 있어요. 이런 친구는 말씀을 들어도 핵심이 뭔지 모르고 전후 문맥을 다 잘라먹곤 합니다. 그래서 말씀을 오해하기 쉽죠. 또 아무리 말씀을 들어도, "성경은 순 거짓말이야. 예수가 어디 있어?"라는 친구의 한마디에 성경을 의심하기도 합니다.

그래서 말씀묵상을 하려면 집중해서 새겨들을 수 있는 조용한 장소와 시간이 반드시 필요해요. 여기저기서 웅성거리는 사탄의 소리에 방해받지 않도록 내 마음 밭도 잘 정리 정돈하여 말씀이 쏙쏙 젖어 들어가게 해야 해요.

　바위 같은 마음을 가진 친구들도 있어요. 예수님은 바위 위에 떨어진 씨앗을 가리켜 "말씀을 들을 때에 기쁨으로 받으나 뿌리가 없어 잠깐 믿다가 시련을 당할 때에 배반하는 자"(눅 8:13)라고 하셨어요.

　우리가 대부분 그런 것 같아요. 주일예배나 수련회에서 뜨거운 은혜를 누렸어도 며칠 가지 못해 또 제멋대로 살아갑니다. 아무리 은혜를 받아도 말씀을 꾸준히 묵상하지 않는다면 그 은혜는 곧 식게 마련이에요.

　이렇듯 잠깐의 은혜는 있으나 말씀이 없기에 금세 하나님을 잊고 사는 인생이 바로 바위 위에 떨어진 씨예요. 우리의 바위 같은 세상 가치관은 예배 몇 번에, 집회 몇 번에 깨지지 않아요. 아무리 좋은 목사님의 설교를 들어도 쉽게 깨지지 않죠. 그러나 그렇다고 해서 절망할 필요는 없어요. 아무리 단단한 바위도 오랜 세월 날마다 촉촉이 내리는 이슬비에 틈이 생기고, 그 틈새로 인해 결국에는 깨지게 마련이에요. 그래서 우리에게도 날마다 나를 적시는 이슬비 같은 큐티가 필요한 것이지요. 날마다 말씀을 통해 내 죄를 보고 회개하면 그 은혜가 잘 유지되어서 나의 가치관도, 삶도 달라진답니다.

가시떨기는 가시들과 함께 자라느라 여기저기 정신이 팔려 있는 사람을 말해요. 교회도 꾸준히 다니고 헌금 생활도 잘해서 겉으로는 믿음이 좋아 보이지만, 하나님보다 세상이 주는 행복에 쉽게 휩쓸리는 사람을 가리키죠.

이런 친구들은 오래 교회에 다니고 예배도 빠지지 않는데, 여전히 게임, 웹툰, 아이돌 가수 등이 주는 세상 재미에 푹 빠져서 도무지 말씀이 뿌리내리지를 못해요. 세상의 유혹에서 완전히 빠져나오지 못해서 늘 자기 욕심과 걱정의 가시가 하나님을 향한 마음을 가로막고 있어요. 그래서 아무리 교회를 열심히 다녀도 말씀을 모르고, 믿음이 자라지 않는답니다.

　오직 좋은 땅에 뿌려진 씨앗만이 결실을 맺는답니다. 좋은 땅은 힘든 환경에서도 가난하고 사모하는 마음으로 말씀을 쏙쏙 받아들이는 사람을 말해요. 곡식이 잘 자라는 땅으로 가꾸려면 무엇보다 영양분이 되는 거름을 잘 주어야 하고, 그것이 잘 썩어야 하지요. 거름이 썩을 때는 고약한 냄새가 나지만, 잘 썩어지면 아주 비옥한 땅이 돼요. 마찬가지로 지독한 거름 같은 여러 고난을 말씀으로 잘 견디고 통과하는 사람이 바로 좋은 땅이랍니다. 힘든 삶을 살아도 말씀을 잘 깨닫는 친구야말로 좋은 땅이지요.

좋은 땅이 되려면 인내가 필요하고, 끝까지 인내하려면 말씀묵상을 '꾸준히' 해야 해요. 앞서 이야기했듯이, 밥을 조금씩 씹어 먹어야 소화가 잘되는 것처럼 말씀도 조금씩 묵상하며 적용해야 믿음이 잘 자란답니다. 말씀을 한꺼번에 많이 읽는다고 그것이 전부 은혜가 되는 것은 아니에요. 너무 많이 먹어서 체할 수도 있지요. 단 한 줄의 말씀을 읽더라도 꼭꼭 씹어 먹어야 그것이 내 영혼과 육체에 피가 되고 살이 된답니다. 읽은 말씀을 하나하나 삶에 적용하다 보면 나도 모르게 내 가치관이 변하게 될 거예요.

나는 어떤 땅인가요? 내가 어떤 땅에 속해 있든지 이슬비처럼 촉촉이 내리는 말씀으로 날마다 마음 밭을 적시면 길가에서도 싹이 나고, 바위틈에서도, 가시떨기에서도 튼튼한 줄기가 나올 거예요. 처음부터 좋은 땅인 사람은 없어요. 날마다 말씀 앞에 나아가는 것이 중요하답니다.

생각해보기

길가와 바위, 가시떨기와 좋은 땅 중 내 마음 밭은 어떤 땅인가요?
내가 좋은 땅이 되는 것을 방해하는 것은 무엇인가요?

 기도하기

나의 마음 상태를 하나님께 솔직히 고백해보세요. 그리고 지금은 좋은 땅이
아니더라도 날마다 말씀을 묵상하다 보면 하나님이 언젠가 좋은 땅으로 변화
시켜주실 것을 믿고 다음과 같이 기도문을 만들어 기도해보세요.

예) 하나님, 말씀을 듣고서 깨닫지 못하는 사람이 바로 저였음을 고백합니다. 하나님보다
좋아하는 것들이 많아서 말씀에 귀 기울이지 못했습니다. 이제 말씀의 진실을 얻는 좋
은 땅이 되기 위해 날마다 꾸준히 큐티를 하겠습니다. 아멘.

Part 2.

# 날마다 큐티, 이렇게 해보세요

## 1단계. 교재 선택하기

무슨 일을 하든지 어느 정도의 부담감을 가지고 지속적으로 하는 것이 좋아요. 말씀묵상도 마찬가지예요. 그런데 성경만으로 말씀을 묵상하면 날짜에 얽매이지 않기 때문에 읽고 싶을 때 읽고, 쉬고 싶을 때 쉬게 되어 날마다 읽기가 어렵지요. 그래서 교재를 가지고 묵상하는 것이 좋아요. 저는 큐티엠에서 발간하는 《큐티인》으로 매일 말씀묵상을 해요. 그리고 제가 담임하는 우리들교회의 청소년들은 《청소년 큐티인》으로 말씀을 묵상하고 있답니다.

## 2단계. 기도하며 마음 열기

이제부터 시편 1편 말씀으로 함께 큐티해보려고 해요. 먼저 조용한 시간과 장소를 마련하고, 오늘 본문을 나에게 들려주시는 하나님의 음성으로 듣게 해달라는 기도로 시작할게요. 거창한 기도보다는 성경을 잘 깨닫게 해달라고 기도하면 된답니다.

"하나님 아버지, 시편 1편을 묵상하려고 합니다. 성령님께서 말씀을 잘 깨달을 수 있는 마음을 주시고, 볼 수 있는 눈을 주시고, 들을 수 있는 귀를 주셔서 오늘 저의 삶에 적용할 수 있도록 말씀해주세요. 듣겠습니다. 예수님의 이름으로 기도합니다. 아멘."

3단계, 본문 관찰하기

　성경 본문은 처음에 소리 내어 크게 읽고, 눈으로 읽고, 마음으로 읽으면서 3번 정도 정독하는 것이 좋아요. 성경의 중앙을 펴면 시편이 나오는데, 1편은 우리가 익히 알고 있는 내용이에요. 이제 말씀 한 절 한 절이 무엇을 의미하는지 찾아볼게요. 그리고 그냥 읽는 것과 구속사적으로 생각하고 적용하면서 읽는 것에 어떤 차이가 있는지 비교해볼 거예요.

먼저 시편 1편 말씀을 한 번 쭉 읽어보세요.

복 있는 사람은 악인들의 꾀를 따르지 아니하며 죄인들의 길에 서지 아니하며 오만한 자들의 자리에 앉지 아니하고 오직 여호와의 율법을 즐거워하여 그의 율법을 주야로 묵상하는도다 그는 시냇가에 심은 나무가 철을 따라 열매를 맺으며 그 잎사귀가 마르지 아니함 같으니 그가 하는 모든 일이 다 형통하리로다 악인들은 그렇지 아니함이여 오직 바람에 나는 겨와 같도다 그러므로 악인들은 심판을 견디지 못하며 죄인들이 의인들의 모임에 들지 못하리로다 무릇 의인들의 길은 여호와께서 인정하시나 악인들의 길은 망하리로다 (시 1:1-6)

시편 1편은 무엇에 대해 쓴 시인가요? 편안하게 떠오르는 내 생각대로 적어보세요.

저는 '복 있는 사람'에 대해 쓴 시라고 생각했어요. 그래서 복 있는 사람과 악인에 대해 묵상해보았어요. 성경을 잘 모르더라도 '내가 지금 하고 있는 일이 복 있는 일인가, 아닌가'에 대해서도 생각해볼 수 있지요. 오늘 하루 만나는 사람, 부딪치는 환경, 일어나

는 사건 속에서 내가 '복 있는 사람인가, 아닌가'를 생각하는 것이 바로 적용이에요.

### 4단계, 기록하기

　그렇다면 말씀묵상의 핵심은 무엇일까요? 바로 하나님과 예수님 그리고 성령님이 어떤 분인지를 찾는 것이에요. 먼저 하나님과 예수님이 어떤 분인지를 알아야 그분의 뜻에 맞는 일을 할 수 있고, 오늘 나의 문제와 그 해결책도 알 수 있습니다. 예수님이 바로 길이요 진리요 생명이기 때문이에요(요 14:6). 모든 성경 말씀이 중요하지만 그중 '예수님이 무슨 말씀을 하셨는가, 예수님이 어떤 일을 하셨는가'를 아는 것은 특히 중요하답니다.

이제 말씀을 한 절, 한 절 읽어보면서 하나님이 어떤 분이신지 찾아보도록 할게요.

복 있는 사람은 악인들의 꾀를 따르지 아니하며 죄인들의 길에 서지 아니하며 오만한 자들의 자리에 앉지 아니하고 오직 여호와의 율법을 즐거워하여 그의 율법을 주야로 묵상하는도다 시 1:2

이 구절에서는 '여호와의 율법'이라 했으므로 '율법이신 하나님'을 찾을 수 있어요. 이렇게 말씀에서 보이는 하나님을 찾아서 적으면 된답니다. 그다음 구절로 넘어갈게요.

그는 시냇가에 심은 나무가 철을 따라 열매를 맺으며 그 잎사귀가 마르지 아니함 같으니 그가 하는 모든 일이 다 형통하리로다 시 1:3

위에서 제가 한 것과 마찬가지로 여러분도 3절을 읽고 어떤 하나님을 찾았는지 적어보세요. 잘 떠오르지 않으면 차분히 몇 번 더 반복해서 읽어보세요.

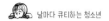 

저는 '모든 일을 형통하게 하시는 하나님'을 찾았어요. 시냇가에 심은 나무가 철을 따라 열매를 맺는 것은 사람이 할 수 없기 때문이에요. 인간은 그 무엇도 형통하게 하지 못해요.

악인들은 그렇지 아니함이여 오직 바람에 나는 겨와 같도다 그러므로 악인들은 심판을 견디지 못하며 죄인들이 의인들의 모임에 들지 못하리로다(시 1:4-5)

4-5절에서 나는 어떤 하나님을 찾았는지 적어보세요.

_____

_____

저는 '심판하시는 하나님'을 찾았어요. 다음은 6절을 읽어보겠어요.

무릇 의인들의 길은 여호와께서 인정하시나 악인들의 길은 망하리로다(시 1:6)

마지막으로 6절에서 찾은 하나님을 적어보세요.

_____

_____

저는 '의인들의 길을 인정하시는 하나님'을 찾았어요.

이렇게 '하나님이 어떤 분인가, 예수님이 어떤 분인가'를 잘 찾으면 말씀을 이해하기가 쉬워요. 하지만 처음부터 쉽게 찾을 수 있는 건 아니지요. 그렇다고 너무 실망할 필요는 없어요. 애굽의 노예였던 이스라엘 백성이 애굽에서 배운 세상 습관을 버리기까지 40년이라는 힘든 광야 생활이 필요했던 것처럼, 어떤 상황에 있더라도 꾸준히 말씀을 묵상하면 성경이 교과서가 되고, 성령이 선생님이 되어 가르쳐주시기에 조금씩 깨닫게 된답니다. 처음 시작할 때는 그냥 죽 읽어가면서 떠오르는 생각, 느낀 점 등을 적고 아니면 그냥 넘어가면 돼요. 말씀을 차례대로 읽는 훈련부터 하는 것이 중요하답니다.

우리가 말씀에서 찾은 하나님을 하나하나 기록해본 것처럼 큐티할 때 꼭 필요한 것은 기록하는 훈련이에요. 그냥 읽는 것과 자기가 찾은 부분을 기록하면서 읽는 것에는 큰 차이가 있어요. 부족하면 부족한 대로 찾은 것을 기록하며 읽을 때 훨씬 깊이 있게 말씀을 보게 된답니다.

## 5단계, 사전/관주 찾아보기

성경 말씀을 좀 더 구체적으로 내 것으로 받아들이려면 말씀에 나오는 어려운 단어나 낯선 인물 또는 장소 이름의 의미를 찾아보는 것도 중요해요.

예를 들어, 시편 1편 1절에서 "복 있는 사람은 악인들의 꾀를 따르지 않는다"고 했으니 악인들의 꾀는 피해야 하는데, '그렇다면 성경에서는 과연 누구를 악인이라고 하는 걸까' 하는 물음을 가질 수 있죠. 이처럼 나의 지식만으로 성경을 온전히 이해하기 어렵기에, 성경 어휘나 내용을 인터넷을 통해 검색해보거나 쉽게 풀이해놓은 성경 사전을 찾아보면 됩니다. 관주성경을 함께 보면 더욱 도움이 되어요. 관주성경은 성경을 잘못 이해하는 일이 없도록 신약은 구약으로, 구약은 신약으로 짝을 지어 설명해놓은 성경이에요. 이를 통해 묵상을 더욱 깊이 할 수 있답니다.

Part 3.

# 날마다 큐티, 제대로 하기

새해가 되면 많은 사람이 새로운 마음으로 목표를 세우고 지키겠다고 다짐해요. 성적 올리기, 다이어트, 책 100권 읽기 등 목표도 참 다양하지요. 그러나 어떤 일을 꾸준히 하기란 참 어려워요. 굳은 결심을 한 첫날은 의욕이 넘치지만, 갈수록 흐지부지되기 쉽지요. 큐티도 마찬가지예요. 큐티를 지속적으로 하기 어렵게 만드는 것 중 하나가 '편안한 환경'이에요. 힘든 일을 당하고 마음이 어려울 때는 말씀 한 절 한 절에서 은혜를 받지만, 일이 풀리고 상황이 편안해지면 조금씩 말씀에 둔감해지게 마련이에요.

초등학교 1학년 무렵 아버지가 도박으로 많은 돈을 잃고 집을

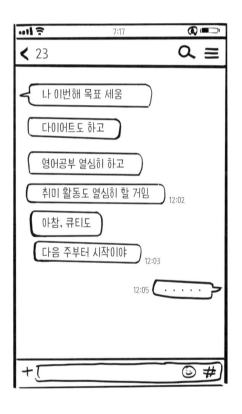

나가버리시는 바람에 힘든 시간을 보낸 한 친구가 있었어요. 이 사건을 통해 어머니와 남은 가족들은 교회에 다니기 시작했고, 아버지의 구원을 위해 매일 함께 기도하고 큐티도 열심히 했어요. 그 결과 초등학교 3학년이 되던 해에 아버지가 집에 돌아오시고 온 가족이 함께 교회에 다니게 되었답니다. 하지만 사업이 다시 잘되어 경제적 상황이 좋아지니, 아버지는 바쁘다는 핑계로 예배에 자주 빠지셨대요. 그리고 이 친구도 힘든 시간을 보낼 땐 하나님께 간절히 기도하며 교회도 열심히 다녔는데, 집안에 문제가 사라지니 예배도 습관적으로 나가고 큐티도 형식적으로 했다고 해요.

이 친구처럼 누구나 환경이 좋아지면 하나님을 찾을 일도 없다 생각하고, 믿음 생활을 게을리하기 쉬워요. 그러나 평소 말씀을 꾸준히 묵상함으로 스스로 무장한 사람들은 몸이 편한 환경이 영적으로 위기라는 것을 알기에 경계를 늦추지 않아요.

또 공과 시간에 교회 선생님, 친구들과 함께 큐티를 나누는 것도 말씀묵상을 꾸준히 하는 데 도움이 된답니다. 건강한 공동체에서 같은 말씀으로 나누고, 나의 부끄러운 점을 꾸밈없이 드러내며, 마음이 어려울 때 서로 격려하고 기도한다면 은혜가 배가될 거예요.

 생각해보기

큐티 작심삼일 극복을 위해 '언제, 어디에서, 어떻게, 누구와' 말씀을 묵상할지 구체적으로 적어보세요. 내가 정말 지킬 수 있는 수준부터 시작하면 돼요. 그리고 가족이나 교회 선생님, 친구들에게 나의 다짐을 이야기하세요. 다른 사람에게 알림으로써 스스로 경계심을 가질 수 있답니다.

예) 언제: 아침, 점심시간, 자기 전
어디서: 집에서, 독서실에서
누구와: 혼자서, 가족과 함께
어떻게: 10분 동안 말씀을 꼼꼼히 읽은 후 하나님이 어떤 분이신지 찾아본다.

 기도하기

환경이 편해서, 학업이나 다른 일에 바빠서 큐티를 멀리했던 모습을 고백해보세요. 말씀묵상이 내 삶의 우선순위가 되게 해달라는 기도문을 써보세요.

## 2단계. 큐티 꼭꼭 씹어 먹기

자전거를 처음 탈 때는 조작 방법이 익숙하지 않아서 넘어지기도 하고, 엉뚱한 방향으로 가기도 하죠. 그런데 점점 숙련되고 나면 그다음부터는 자전거 타기가 그야말로 '꿀잼'이 되죠. 말씀묵상도 마찬가지예요.

　성경을 보면 에스겔서 2장 10절에서는 말씀을 '슬픈 노래와 재앙의 말'이라고 했다가 3장 3절에서는 '입에서 달기가 꿀 같다'고 해요. 성경을 조금씩 골고루 씹어 먹으면 말씀이 소화가 잘되니 말씀이 재미있게 느껴지고, 내 영혼의 양식도 차곡차곡 쌓이게 되지요. 말씀이 달아져요. 그렇게 읽은 말씀을 내 삶에 적용하면 가치관도 바뀌게 돼요. 다시 말해 성경을 단순히 지식을 얻기 위해 읽는 것이 아니라, 내가 성경의 캐릭터가 되어서 하나님 말씀 따라 순종하려고 읽으면 말씀이 꿀같이 달아진답니다.

성경은 '예수님이 우리를 구원해주신 이야기'를 기록하고 있어요. 구약은 우리의 구원을 위해 오실 예수님에 대한 기록이고, 신약은 우리의 구원을 위해 오신 예수님에 대한 기록이에요. 그리고 그 안에는 죄 가운데 빠져 죽을 수밖에 없는 우리를 구원하신 하나님의 은혜가 가득 담겨 있어요. 구속사란 죄인인 우리를 구원하시기 위하여 하나님이 그 아들을 보내주시고, 예수님이 십자가에서 피 흘려 주시며, 성령님이 말할 수 없는 탄식으로 기도해주시고 도와주시는 이야기에요. 성경을 구속사로 본다는 것은 성경을 윤리와 도덕 이야기가 아니라, 우리를 죄와 사망에서 건지시고 거룩과 생명으로 이끄시기 위해 일하시는 하나님의 구원 이야기로 보는 것을 말해요. 성경을 골고루 씹어서 먹으면 그 구속사가 점점 깨달아지면서 나의 구원을 위해 베푸신 그 은혜를 빠짐없이 누릴 수 있답니다. 말씀묵상에 무슨 특별한 방법이 있는 게 아니에요. 예수님을 사랑하고, 하나님 앞에 겸손한 마음을 가지며, 성령님이 가르쳐주시는 은혜로 하는 것이지요.

우리 인생은 예수님을 믿기 전에는 그 자체가 혼돈이에요. 나를 잘 이해해준다고 생각한 부모님이나 친구에게 상처받기도 하고, 세상 즐거움을 좇아 친구들과 놀러 다니고 게임에 푹 빠져보아도 늘 마음 한편이 허무하고 불안하지요.

그러다 하나님의 말씀을 듣고 순종하는 훈련을 하면서, 나의 죄가 깨달아지고 동시에 하나님의 사랑과 은혜를 깨닫게 된답니다. 또 진정한 평안을 누리게 되지요. 이런 사람은 우리를 구원하고자 다시 오실 예수님을 기다리며 준비하는 삶을 살 수 있게 돼요. 이처럼 매일 조금씩 씹어 먹는 말씀묵상을 통해 하나님의 은혜를 깨닫게 되면 내 삶도 변하게 된답니다.

말씀이 달다. 달어!

매일 나에게 일어나는 사건을 말씀으로 해석해보세요. 그러면 승리하지 못할 싸움이 없어요. 누구보다 나를 잘 아시고 사랑으로 기르시는 하나님께 나를 맡기세요. 나를 악한 죄에서 벗어나게 하여 의롭고 거룩하게 하실 수 있는 분은 오직 하나님뿐이랍니다.

여러분은 어떤 달콤함에 빠져 있나요? 게임, 웹툰, 아이돌 가수 등 세상이 주는 달콤함만을 좇지는 않나요? 무엇보다 큐티를 통해 꿀처럼 단 말씀의 은혜를 누릴 수 있길 바랍니다.

생각해보기

1. 큐티보다 달콤하게 느껴지는 것들을 한번 써보세요.



2. 위에 적은 것 중에 날마다 큐티하기 위해 내가 절제해야 할 한 가지를 적
   어보세요. 오늘 하루만이라도 적용해보세요. 작은 것부터 조금씩 해나가
   면 된답니다.

 기도하기

내가 말씀보다 좋아하는 것을 하나님께 솔직히 고백하고, 날마다 큐티하기
위해 지켜야 할 일을 하나님 앞에 약속해보세요. 내 힘으로는 꾸준하게 적용
하기 어려워요. 나의 하나님께 도움을 구해봅시다.

### 3단계, 큐티 내가 주인공 되기

신약의 복음서 말씀을 묵상하다 보면 가룟 유다가 예수님을 은삼십에 대제사장들에게 넘겨주는 장면이 나옵니다. 우리는 이 말씀을 보면서, '나는 생전 예수님을 팔아먹은 적도, 부인한 적도 없으니까 이 말씀은 나와 상관없어'라고 생각해요. 그러나 돌이켜보면 나도 모르는 사이에 예수님을 배반할 때가 얼마나 많은지 몰라요. 시험공부를 한다고, 늦잠을 자느라고 주일예배를 빠지는 친구들이 많죠? 그러면 나도 공부에, 늦잠에 예수님을 판 것이에요.

이처럼 말씀을 들을 때는 다른 사람이 아닌 나에게 주시는 말씀으로 들어야 해요. 말씀을 읽거나 설교를 들을 때 '이 말씀은 우리 형, 동생, 부모님이 들어야 하는데' 하고 아쉬워하는 친구들이 있는데, 말씀을 볼 때는 언제나 '내게 주시는 음성'으로 여겨야 한답니다.

생각해보기

1. 큐티를 하면서 혹은 설교말씀을 들으면서 형제나 친구, 부모님이 들어야
   할 말씀이라고 생각한 적이 있나요? 어떤 말씀이었는지 적어보세요.

2. 위에 적은 말씀이 내가 들어야 할 말씀은 아닌지 생각해보세요. 잘 모르겠
   으면 주일 공과 시간에 공동체와 나눠보는 것도 좋습니다. 내가 모르는 나
   의 모습을 다른 사람은 알 수도 있으니까요.

 기도하기

큐티말씀을 오늘 하나님이 나에게 주시는 음성으로 듣고 자신을 돌아볼 수
있게 해달라는 기도문을 적어보세요.

## Part 4.

# 큐티, 삶으로 살아내기

### 1단계, 말씀을 내 삶에 적용하기

이제 시편 1편을 한 절씩 꼭꼭 씹어 먹으며 더 깊이 있는 묵상을 해볼 거예요. 내가 말씀의 주인공이 되어, 말씀으로 기도하고 묵상한 말씀을 삶에 적용하는 방법을 함께 배워보도록 할게요.

큐티 말씀을 하나님이 오늘 나에게 주시는 음성으로 듣고, 그 말씀대로 살아내는 것이 바로 '적용'이에요. 그러면 "오직 여호와의 율법을 즐거워하여 그의 율법을 주야로 묵상하는도다"(시 1:2)라는 말씀을 내 삶에 적용하려면 어떻게 해야 할까요?

적용에는 문자적인 적용과 구속사적인 적용이 있어요. 하나님의 율법인 말씀을 보면서 '아, 하나님께는 이런 법이 있구나. 이제부터는 성경에 나온 말씀대로 잘 지켜야겠다' 하고 적용하는 것이 바로 문자적인 적용이랍니다.

앞선 시편 1편 2절 말씀으로 문자적인 적용을 해본다면, "나도 시인처럼 아침저녁으로 열심히 말씀을 묵상하는 사람이 돼야 하겠다"고 적용할 수 있겠죠. "1년간 꾸준히 말씀묵상을 하겠다"고 적용하는 것도 좋아요. 각자가 나름대로 실생활에서 실천할 수 있는 것으로 적용하면 된답니다.

구속사적인 적용은, 말씀을 문자 그대로 실천하는 것에서 더 나아가 '내가 사랑하는 하나님이 무엇을 원하시는지 깊이 고민해보고 더 깊고 풍성한 사랑의 적용으로 나아가는 것'이에요. 남녀가 연애를 시작하면 만났다가 돌아서면 금세 다시 보고 싶고, 혼자 있을 때는 서로 나누었던 이야기를 떠올리면서 끊임없이 상대방을 묵상합니다. 그러다 상대가 입고 나왔던 옷이 마침 내가 좋아한다고 말했던 빨간색이었으면, 상대가 날 좋아하는구나 하면서 행동언어까지 추리하게 돼요.

그렇게 그 사람의 말과 차림과 표정 등을 기억하면서 밤을 지새우다가 그 사람이 나를 사랑한다는 쪽으로 결론을 내리면 상대에게 더 잘하게 됩니다. 확신이 들기 전에는 이것저것 따졌는데 확신이 선 뒤에는 뭐든 다 곱게 보이죠. 어디 그뿐인가요. 햄버거를 먹고 싶어도 애인이 피자를 먹고 싶어 하면 기꺼이 피자를 먹습니다. 더욱이 나보다 월등하게 나은 사람이 나를 좋아해준다면 그 자체가 감격스러워서라도 잘하지 않을까요.

하나님과의 관계도 마찬가지예요. 하나님을 사랑한다면 당연히 하나님의 율법인 말씀을 보고 싶어 해야 합니다. 즉, '여호와의 율법'은 여호와께서 곧 율법이심을 의미하므로, 하나님을 사랑한다면 당연히 율법인 말씀을 보고 싶어 해야 하죠. 저도 성경을 읽고 묵상한 것을 큐티 책에 깨알같이 쓰고, 그것도 모자라 종이를 덧붙여서 더 쓴답니다.

또 내가 말씀묵상을 통해 깨달은 은혜를 친구들과 나누는 것도 하나님이 기뻐하시는 적용이라고 할 수 있어요. 내 죄를 용서해주신 하나님의 사랑을 말씀으로 깨닫고, 나도 그 사랑에 힘입어 친구의 잘못을 용서하는 것도 구속사적인 적용이겠지요.

여러분도 사랑하는 애인에게 연애편지를 쓰듯이 말씀을 묵상해보세요. 그러면 더욱 깊고 진하게 하나님과 교제하며 삶에서 하나님이 기뻐하시는 순종을 할 수 있게 된답니다.

 날마다 큐티하는 청소년

 생각해보기

1. 시편 1편을 묵상하고, 좋아하는 친구에게 이야기하듯이 하나님께 나의 생각을 자유롭게 편지처럼 적어보세요.

예) 사랑하는 하나님, 저도 복 있는 사람이 되고 싶어요.

2. 위에 쓴 내용을 바탕으로 하나님 앞에 약속하고 싶은 것을 적어보세요. 문자적인 적용이든 구속사적인 적용이든 다 괜찮아요. 작은 것부터 적용하기로 결심하고 기도하면 하나님께서 도와주실 거예요.

예) 자기 전에 침대에 누워서 하나님의 말씀을 묵상하고 기도하는 시간을 가질게요.

 기도하기

하나님께 쓴 편지를 읽고, 내가 적용하기로 결심한 것을 하나님 앞에 약속해보세요. 내 힘과 능력으로는 꾸준히 적용하기가 어려우니 하나님께 도와달라는 기도문을 써보세요.

## 2단계. 말씀으로 나를 돌아보기

악인들은 그렇지 아니함이여 오직 바람에 나는 겨와 같도다 그러므로 악인들은 심판을 견디지 못하며 죄인들이 의인들의 모임에 들지 못하리로다 시 1:4-5

여러분은 이 말씀을 묵상하면서 가장 먼저 어떤 생각이 들었나요? 혹시 나를 힘들게 하는 악인이 떠오르지는 않았나요? 나는 더없이 착한 의인인데, 나를 괴롭히는 악인 때문에 지내기가 힘들어서 "그 사람 좀 벌해 달라"고 기도하고 있지는 않나요?

살다 보면 아무리 사람을 판단하지 않으려고 해도 계속 미운 마음이 들어 어쩔 도리가 없을 때가 있어요. 감정 조절이 되지 않아 누구에게든 쏟아내야 마음이 시원할 것 같아서 미운 사람을 자꾸 입에 올리게 되지요.

그러면 악인은 어떤 사람일까요? 앞 문맥을 볼 때 악인은 복 있는 사람과 반대되는 사람을 의미해요. 그러면 복 있는 사람은 누구였나요? 앞서 설명한 대로 말씀을 묵상하는 사람이죠. 그렇다면 결국 악인은 '말씀을 묵상하지 않는 자'이고 '형통하지 않은 자'랍니다. 더불어 '바람에 나는 겨'와 같은 사람이죠. 말씀을 묵상하지 않는 자가 악인이라는 사실이 우리의 고정관념을 깨지 않나요?

결국 우리가 형통하지 못한 이유는, 우리가 바람에 나는 겨와 같아서 심판을 견디지 못하기 때문이에요. 우리는 특별히 자기와 같은 약점을 가진 상대를 가장 못 견뎌해요. 교만한 사람은 다른 사람의 교만을 제일 못 견디고, 거짓말을 잘하는 사람은 남의 거짓말을 못 견디죠.

혹 주위에 "저 사람은 너무 거짓말을 잘해", "저 사람은 너무 교만해" 하고 말하는 친구가 있다면 '그런 말하는 그가 그런 성향의 사람이구나' 하고 생각하세요. 이처럼 사람은 자기 죄를 자기 입으로 증거한답니다. 그러니 내가 가장 견디지 못하는 것이 나의 가장 큰 약점이라는 사실을 알아 늘 남의 입장에서 생각해보아야 합니다.

요나 선지자는 하루 만에 12만 명을 회개하도록 이끈 대단한 선교사였어요. 그런데 이 요나는 망한다는 니느웨가 망하지 않고 자기가 전한 말씀을 듣고 회개하여 돌아온 것에 화가 났어요. 자기 생각에는 니느웨 사람들이 하나님의 심판을 받는 것이 마땅했기 때문이죠. 세상에 그런 선교사도 있답니다.

그래서 요나는 화를 내면서 성에서 나가 초막을 지었어요. 그때 하나님은 요나에게 화내는 것이 옳지 않다고 말씀하셨지요. 그러나 요나는 자기가 죽는 것이 낫겠다는 생떼를 부렸어요.

그러다 요나가 뙤약볕에서 고생하자 하나님께서 박넝쿨로 보호해주셨어요. 이에 요나는 심히 기뻐하다가, 벌레가 밤새 박넝쿨을 갉아먹자 금세 또 죽겠다고 불평했어요. 명색이 선지자인 사람이 박넝쿨 하나에 기뻐했다가 이제는 죽겠다고 난리를 친 것이에요.

이처럼 하루 만에 12만 명을 회개시킨 선지자도 이 모양이었으니 누군들 예외가 있을까요? 그러니 누군가가 못마땅하고 미울 때는 '내가 말씀을 묵상하지 않아서 내 죄가 안 보이는구나' 하고 생각하면 됩니다. 이렇게 나의 문제를 바라볼 때 우리는 올바른 적용을 할 수 있답니다.

생각해보기

1. 내가 싫어하는 '악인'은 누구인가요? 그 사람의 어떤 점이 싫은지 적어보세요.

예) 잘난 척하는 친구가 싫어요. 거짓말하는 친구가 싫어요.

2. 친구의 싫은 점이 나에게는 없는지 스스로 돌아보는 시간을 가져봅시다. 그리고 앞으로 내가 싫어하는 '악인'을 어떻게 대해야 할지 생각하고 적어보세요.

예) 저도 친구들에게 인정받고 싶어서 자주 잘난 척을 했어요. 잘난 척하는 친구가 꼴보기 싫을 때 나에게도 똑같은 모습이 있다는 것을 생각하고 미운 마음을 참을 거예요.

기도하기

나의 죄를 객관적으로 보는 것이 힘들고 말씀대로 적용하는 것이 어렵지만, 연약한 나를 돌보시는 하나님을 바라볼 수 있게 해달라는 기도문을 적어보세요.

## 3단계, 내 삶을 공동체와 나누기

그러므로 악인들은 심판을 견디지 못하며 죄인들이 의인들의 모임에 들지 못하리로다(시 1:5)

예수님을 믿으면서 받게 되는 큰 축복 중 하나가 '공동체의 축복'이에요. 그런데 죄인들은 의인들의 모임에 들지 못한다고 합니다. 교회를 오래 다녀도 내 삶을 깊이 있게 이야기할 친구 한 명이 없는 사람도 있어요. 이는 사람을 가려서 사귀려 하기 때문이에요. 교회 안에서도 인기 있는 사람끼리, 또 공부 잘하는 사람끼리 자기가 좋아하는 부류대로 모임을 만들곤 해요. 그러고는 그 모임이 공동체라고 착각하지요.

그러나 이러한 공동체에서는 말씀과 삶을 진솔하게 나누기 어려워요. 환경이 편안하고 좋을 때는 그런 사실을 깨닫지 못해요. 그러나 어려운 일을 당해 보면 금방 알 수 있죠. 어려울 때 함께할 수 있는 친구가 없다면 '내가 정말 말씀으로 교제한 것이 아니었구나' 하고 생각해야 해요. 내가 공동체라고 여겼던 모임이 사실 '의인들의 모임'이 아니었던 것이지요.

주일학교 선생님들의 이야기를 들어보면 아침에 잠을 더 자려고, 시험이 다가와서, 혹은 전날 늦게까지 게임을 하고는 주일예배에 안 오는 친구들이 종종 있다고 해요. 그러면서 "예배는 꼭 교회에서만 드리란 법 있나요? 좀 자유롭게 드리면 안 되나요?"라고 한답니다. 이 모든 것이 다 악인의 꾀를 좇는 것이에요.

알고 보면 우리가 얼마나 많이 악인의 꾀를 좇고 있는지 몰라요. 당장 눈앞에 좋아 보이는 게 있으면 하나님의 일은 다 포기하지요. 그래서 악인의 꾀는 생각이라도 버려야 해요.

친구들이 예수님 믿는 것을 비웃을까 봐 교회와 말씀묵상을 멀리하는 친구들도 있고, 높은 성적을 유지해서 계속 인정받아야 하기에 예배를 귀찮게 여기는 친구들도 있지요. 이렇게 사람에게 인정받으려는 마음이 하나님과의 사이를 가로막기도 해요. 그래서 끊임없이 내가 남에게 드러나고자 오만한 자의 자리에 앉아 있는지도 스스로 점검해보아야 해요.

오만함은 높은 성적을 받거나 친구들에게 인기를 얻을 때 생기기도 하지만, 게임을 잘해서, 예배를 빠지지 않으며 성경을 열심히 읽는다 싶어도 생길 수 있어요. 목사인 저 자신도 기도 잘한다고, 큐티 잘한다고 오만해질 수 있지요. 이처럼 우리의 오만은 끝이 없어요.

그래서 성경에 "선 줄로 생각하는 자는 넘어질까 조심하라"고 하신 것입니다(고전 10:12). 우리는 그저 눈만 뜨면 죄에 넘어질 일이 가득한 세상에 살고 있어요. 하지만 이러한 위험도 날마다 말씀을 묵상함으로 하나님 앞에서 나의 죄를 깨달으면 늘 점검할 수 있어요. 그리고 '의인들의 모임'인 교회 공동체에서, 악인의 꾀를 따르고 오만한 자리에 앉았던 나의 모습을 솔직히 고백하고 회개할 때, 진정한 공동체의 축복을 누리게 된답니다.

생각해보기

나는 어떤 친구들과 어울리나요? 나의 상처와 죄를 솔직히 나누며 말씀으로 위로받고 권면받는 '공동체의 축복'을 누리고 있나요?

(예) 저는 교회 친구보다 세상 친구들이랑 노는 것이 더 재밌어요. 세상 친구들과 노느라 큐티도 안 하고 교회도 종종 빠졌어요.

 기도하기

악인의 꾀에 빠져서 예배를 안 지키고, 오만한 자리에 앉았던 모습을 하나님께 고백합시다. 그리고 교회 공동체에서 그런 나의 모습을 솔직히 나누게 해 달라는 기도문을 적어보세요.

Part 5.

# 큐티, 기도로 마무리하기

지금까지 시편 1편을 묵상해보았어요. 저는 앞에서 나눈 이야기처럼 말씀을 씹어 먹음으로 제 인생의 전환점이 된 사건들에서 승리할 수 있었고, 그 간증을 여러분께 들려줄 수 있었어요. 그뿐만 아니라 예전에는 내 마음대로 기도했는데, 이제는 늘 말씀을 기억하며 말씀에 의지하여 기도하게 되었어요.

여러분도 말씀을 묵상한 후 기도할 때, 혹 말씀이 기억나지 않을 때는 눈을 뜨고 기도해도 괜찮아요. 자신이 적용한 글을 보며 내 죄를 고백하고 나의 어려움을 하나님께 말하세요. 어린아이처럼 기도하고 또 적용하기 바라요.

다른 사람을 위해 기도하기 전에 먼저 자기 자신을 위해 기도할 수 있어야 해요. 항상 말씀으로 나를 먼저 비춰본 후, 어떤 사람이 되어야 할지 말씀에 따라 적용한 대로 기도하기를 바라요. 그다음에 나의 기도가 필요한 내 옆 사람들을 위해 기도해주세요. 오늘 말씀을 통해 주신 하나님의 은혜가 내 가족과 교회, 학교와 친구들, 그리고 이 나라와 온 세계에 흘러가기를 기도해보세요. 나의 작은 골방 큐티 적용과 기도에 하나님은 놀랍게 기름 부어 주실 거예요.

생각해보기

날마다 큐티하기 위해 내가 실제 생활에 적용해야 할 것은 무엇인가요?

기도하기

날마다 큐티 하기로 결단하며, 말씀대로 믿고 살고 누리는 내가 되기 위한 나의 기도제목을 적어보세요.

제3장

/

# 큐티로 살아난 친구들의 이야기

큐티 실전편

# 하나님은 반드시 우리를 책임져주세요

　여러분, 질풍노도疾風怒濤라는 말 무슨 뜻인지 다 알죠? 우리 말로 쉽게 표현하자면 '강한 바람과 성난 파도'라는 뜻이에요. 어른들은 곧잘 우리 청소년의 때를 일컬어 '질풍노도의 시기'라고 해요. 우리 청소년들이 강한 바람, 성난 파도 같다는 것이죠. 저도 자식을 낳아 키우면서 직접 지켜보기도 했고, 또 우리들교회 청소년부 친구들을 지켜보며 느낀 것은, 정말 우리 친구들이 강한 바람 같고 성난 파도 같다는 것이에요. 여러분은 어떤가요? 내가 강한 바람 같고, 성난 파도 같다는 것을 인정하나요?

　요즘 우리나라의 이혼율이 굉장히 높다고 하죠. 이혼율이 높다는 것은 많은 청소년이 이혼 가정 아래서 자라고 있다는 것을 의미하기도 해요. 적어도 청소년 중 절반은 역기능 가정에서 자라며 고난을 겪고 있는 것 같아요. 그런데 청소년의 때에 고난이 비단 이것뿐인가요? 입시 스트레스, 게임 중독, 성 충동, 이성 관계……. 그러니 그 삶에 강한 바람이 휘몰아치고, 성난 파도가 밀려올 수밖에 없지요. 정말 잠잠한 날이 없는 것 같아요. 도무지 길도 없고, 끝도 없어 보여요. 이런 상황 가운데 우왕좌왕하면서도 자신이 나아가야 할 길을 찾기 위해 끊임없이 고군분투하는 청소년들의 모습을 바라보고 있노라면 정말 애통하지 않을 수가 없어요.

우리들교회 청소년부에도 1천여 명의 친구가 있는데 대부분 이런 고난을 적어도 한두 가지는 다 겪고 있는 것 같아요. 그야말로 한계상황에 처한 친구들도 적지 않죠. 고난을 잘 견디지 못해 결국 샛길로 빠지는 친구들도 가끔 있어요. 재미 삼아, 장난삼아 남의 물건을 훔치기도 하고, 감정을 조절하지 못해 주먹을 휘두르다 소년원을 가는 경우도 보았어요.

이런 소식을 들을 때면 정말 '이 문제아들을 어떡하나?' 걱정되죠. 하지만 저는 우리들교회 청소년부 친구들을 보면 든든하답니다. '하나님이 우리 아이들을 반드시 붙잡아주신다'는 믿음이 있어요. 왜냐하면 우리 청소년들이 '날마다 큐티'를 하기 때문이에요. 날마다 큐티를 하며 스스로 '내게 무슨 문제가 있는지, 내가 부족한 게 무엇인지, 내가 잘못하는 것이 무엇언지' 잘 깨닫는 것 같아요. 또 자신의 나쁜 점들을 고치기 위해 내가 실생활에서 적용하고 실천해야 할 것이 무엇인지 스스로 기록해보고, 하나님 앞에서 그것을 회개하며 하나님의 도움을 구하는 기도를 드리죠. 이런 과정을 통해 조금씩 조금씩 회복되며, 거룩을 이루어가는 것 같아요.

그래요. 기쁠 때나 슬플 때나 언제나 하나님 앞에, 말씀 앞에 나아오는 사람은 하나님이 반드시 그 인생을 책임져주세요. 반드시 승리하게 해주실 것이에요. 그런데 하나님은 우리가 성공해서 잘 먹고 잘사는 것보다 먼저 하나님과의 관계가 온전히 회복되기를 바라시죠. 그러므로 우리는 성공에 집착하기보다 하나님과의 관계 회복에 힘써야 해요. 하나님이 내게 원하시는 것이 무엇인지, 그 말씀에 귀 기울여야 해요. 그러니 어떤 상황 가운데 있든지 우리가 붙잡고 의지해야 할 것은 오직 '말씀'이에요. 말씀을 묵상하는 사람은 어떤 기가 막힌 상황에서도 그 저력을 드러내게 돼 있어요. 이것이 바로 말씀 묵상의 힘이에요. 우리가 날마다 큐티해야 하는 이유랍니다.

　한번은 이런 일도 있었어요. 수능 점수가 그리 좋지 않아서 이 런저런 대학의 수시에 떨어졌던 친구가 놀랍게도 누구나 선망하 는 일류 대학교에 합격한 일이 있었답니다. 나중에 알아보니 대 입 수시 자기소개서에 이와 같은 자신의 고난을 담담하게 적은 것이 크게 작용했다고 해요. 있는 모습 그대로의 삶, 자신의 죄와 고난을 솔직히 고백한 이야기가 어디서나 승리하는 비결이 된 것 이죠. 날마다 큐티하며 말씀을 통해 내 삶을 해석하고, 큐티한 것 으로 친구들과 나눔하고, 공동체에서 간증하는 동안 자신도 모르게 그런 능력이 길러진 것이에요.

그러니까 똑같은 사건을 겪어도 큐티를 하게 되면 말씀을 통해 내 죄, 내 문제점을 먼저 보게 되고, 이 사건이 나의 구원을 위해 반드시 있어야 할 일임을 깨닫게 되죠. 그런 인생은 이미 승리한 것이나 다름없어요.

우리들교회 청소년부에는 이 친구처럼 여러 고난 가운데서 말씀 앞으로 나아와 살아난 친구들이 참 많아요. 누구에게도 털어 놓을 수 없는 이야기들을 함께 나누며, 같은 고난을 겪는 친구들에게 삶으로 하나님을 전하고 있어요.

이 장에서는 우리들교회 청소년부 친구들이 날마다 큐티한 것을 간증 형태로 나눈 것을 고난의 종류별로 나누어 소개하려고 해요. 여기에 소개되는 친구들의 큐티 나눔은 몇몇 친구만이 겪는 특별한 이야기가 아니랍니다. 누구나 이런 어려움을 겪고 있을 것이에요. 그리고 하나님은 누구에게나 같은 말씀을 주시고 계세요. 아직 믿음이 부족해서 하나님의 말씀이 잘 안 들려도 나처럼 고난당한 친구들의 이야기는 쉽게 이해가 되잖아요.

내 고난을 증거하는 것이야말로 말씀을 전하는 가장 좋은 방법이에요. 주님이 우리에게 환난을 주신 이유도 다 이 때문이죠. 주님은 "우리가 환난당하는 것도 너희가 위로와 구원을 받게 하려는 것"이라고 말씀하셨어요(고후 1:6). 내가 당한 환난이 내 전공과 목이 되어서 다른 친구를 위로하고 그들의 구원에 크게 쓰임 받으리라 믿어요.

이 책을 읽는 여러분은 지금 어떤 환난과 위기 가운데 있나요? 부모님도, 선생님도 내가 지금 겪고 있는 강한 바람과 성난 파도를 이해하지 못하지만, 먼저 이런 고난을 겪고, 그것을 날마다 큐티하며 말씀으로 헤쳐 나와서 이제는 "고난이 축복이 되었다"는 친구들의 큐티 나눔을 잘 읽어보기를 원해요. 이 친구들이 말씀을 읽고, 내 죄를 보며 회개하고, 적용하고 기도함으로 각자의 환난과 위기에서 헤쳐 나왔듯이 여러분 모두도 청소년기에 반드시 겪을 수밖에 없는 강한 바람과 성난 파도를 잘 헤쳐 나오기 바라요. 친구들의 승리를 위해 기도할게요.

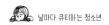 

친구들의 큐티 나눔 〈가정 고난 ①〉

# 막중한 나의 임무

출애굽기 38장 21-31절

핵심 말씀

유다 지파 훌의 손자요 우리의 아들인 브살렐은 여호와께서 모세에게 명령하신 모든 것을 만들었고 단 지파 아히사막의 아들 오홀리압이 그와 함께 하였으니 오홀리압은 재능이 있어서 조각하며 또 청색 자색 홍색 실과 가는 베 실로 수 놓은 자더라(출 38:22-23)

고1 정○○

오늘 말씀에서 브살렐은 하나님이 모세에게 명령하신 모든 것을 만들고, 오홀리압은 조각하고 수놓는 일을 맡아서 합니다. 저는 두 사람이 각기 재능대로 역할을 분담한 것을 보며, 하나님이 제게 주신 재능은 무엇일까 생각해보았습니다. 하지만 제가 무엇을 잘하는지 쉽게 떠오르지 않았습니다. 예체능에 특별한 소질도 없고 공부도 못하기 때문입니다. 그러나 이렇게 재능 없는 저에게도 하나님이 특별히 맡기신 일이 있습니다. 바로 '가정을 지키는 임무'입니다.

부모님이 별거하시면서 엄마와 저는 가정이 깨지는 것만은 막고자 끊임없이 노력했습니다. 그 노력이 결실을 맺은 걸까요? 아빠가 마음을 조금 여시면서 우리 가족은 일주일에 한 번 정도 만나 함께 밥도 먹고 영화도 보았습니다. 하지만 사실 저는 다른 마음을 품고 있었습니다. 겉으로는 잘 어울리는 듯했지만, 그동안 아빠에게 받은 상처가 커서 속으로는 아빠가 몹시 미웠습니다. 아빠가 바람을 피우셔서 시작된 별거였고, 아빠는 세 번이나 엄마에게 이혼을 요구하시며 반성하는 모습을 전혀 보여주지 않으셨기에 저는 죽을 때까지 아빠를 용서하지 않겠다고 다짐했습니다. 또한, 저는 끔찍이 예뻐하시면서 엄마에게는 험한 언행을 일

삼는 아빠가 이중인격 같아서 '이럴 거면 차라리 엄마와 나의 인생에서 사라져주었으면 좋겠다'는 생각도 했습니다.

　그러나 교회에서 "무엇보다 가정이 중요하기에 가정은 반드시 지켜야 한다"는 설교말씀을 듣고, 하나님이 정하신 규례에 따라 가정이 흩어지지 않도록 지켜내는 것이 매우 중요한 일임을 깨닫게 되었습니다. 그러면서 저에게 세상의 어떤 역할보다 큰 역할인, '가정이 깨지지 않도록 아빠와 엄마를 연결해주는 임무'가 있음을 깨달았습니다. 저는 아빠를 만날 때마다 제 마음을 속이고 착한 아들인 척하는 것이 부담되었고, 아빠를 향한 미운 감정을 표현할 수 없어서 답답했습니다. 하지만 지금껏 하나님이 저를 우리 가정을 지키는 일에 중심 역할로서 사용하고 계셨다는 것을 알게 되면서 도리어 감사한 마음이 들었습니다.

요즘 저는 아빠를 더 자주 만납니다. 예전에는 밖에서 서너 시간 만나는 것이 다였는데, 최근에는 아빠가 우리 집에서 주무시고 가실 때도 있습니다. 하나님 안에서 조금씩 관계가 회복되어 가는 가정을 보면서, 언젠가 우리 가정이 다시 하나가 될 수도 있다는 소망을 가져봅니다. 불완전한 가정 안에서 인생을 포기하고 싶던 저였는데, 말씀을 통해 제 본분을 깨닫게 되니 이제는 인생의 목표가 뚜렷해졌습니다. 브살렐과 오홀리압처럼, 하나님이 허락하신 가정을 지키는 역할에 충실하는 제가 되겠습니다. 흩어진 저희 가정이 하나 될 수 있도록 기도 부탁드립니다.

 적용하기

- 학교 숙제가 많다는 핑계를 대며 교회를 빠지지 않겠습니다.
- 일주일에 3번 아빠에게 제가 큐티한 내용을 나누겠습니다.

 기도하기

브살렐과 오홀리압처럼 주님의 일에 저의 재능이 쓰임 받기를 원합니다. 작은 역할이라도 하나님이 부르신 자리로 여기며 순종하고, 주님의 일에 자원하고 헌신하는 제가 되게 해주세요.

 함께하기

**1. 이 친구의 나눔을 읽고 느낀 점은 무엇인가요?**

_____

_____

_____

_____

_____

_____

**2. 나에게는 지금 어떤 가정 고난이 있나요?**

_____

_____

_____

_____

_____

_____

3. 내 가족을 위해 내가 수고하고 헌신해야 할 것은 무엇인가요?

4. 내 가족을 위한 기도제목을 적어보세요.

친구들의 큐티 나눔 〈가정 고난 ②〉

# 아빠를 흉보는 딸

잠언 12장 1-14절

( 핵심 말씀 )

악인의 말은 사람을 엿보아 피를 흘리자 하는 것이거니와 정직한 자의 입은

사람을 구원한다(잠 12:6)

고1 김○○

오늘 말씀을 보니 하나님을 모르는 악인은 그 마음이 말씀으로 깨끗하게 되지 않았기에 그의 입에서 나오는 말도 악한 것 같습니다.

저도 하나님을 잘 모르는 악인입니다. 평소 저는 하나님께 기도도 잘 하지 않고 큐티는 시험을 보기 전이나, 새 학기 직전에, 친구들과 문제가 생길 때만 합니다. 이렇듯 제 마음에 말씀이 없기에 저도 자꾸 악한 말로 다른 사람을 피 흘리게 합니다.

제가 특히 피를 흘리게 하는 대상은 '아빠'입니다. 얼마 전, 우리 가족이 10년 동안 열심히 갚았던 빚과 똑같은 금액을 아빠가 1년 만에 다시 빚내셨다는 사실을 알게 되었습니다. 저는 이런 아빠가 너무나 원망스러웠습니다. 교회에서 "가정은 지킬 만한 가치가 있다", "이혼은 절대 안 된다"는 말씀을 수없이 들었지만, 저는 너무 화가 난 나머지 엄마에게 "제발 아빠와 이혼하라"는 악한 말을 내뱉고 말았습니다.

'악인의 긍휼은 잔인이니라'는 말씀처럼(잠 12:10), 저의 이런 악한 말도 제 마음속의 잔인함에서 나오는 것 같습니다. 제가 초등학생일 때 아빠가 바람을 피우시고 집을 나가신 일이 있었습니다.

저는 그때부터 아빠가 미웠고, 제게 아빠는 늘 '문제 많은 사람'이었
습니다. 아빠는 절대 변하지 않을 것이라고 마음속 깊이 아빠를
정죄하면서, '아빠는 죄인, 나는 불쌍한 딸'이라고 생각했습니다.

　사실 아빠가 다시 빚을 지게 된 것은 가정을 돌보시기 위해서였
습니다. 물론 빚을 내신 것은 잘못이지만, 가정을 생각하시는 아빠
의 마음을 헤아리지 못한 것이 내심 죄송했습니다. 그리고 저 역시
씀씀이가 커서 용돈을 마구 쓰기에 아빠를 정죄할 수 없는 죄인입
니다. 하지만 저는 말씀을 몰라서 내 죄는 보지 못하고 아빠만 악인
이라고 생각했습니다. 그동안 악한 마음과 말로 아빠를 엿보아 피
흘리게 했던 제 모습을 회개합니다. 저의 마음이 말씀으로 깨끗하
게 되어서 아빠를 진정으로 사랑하게 되기를 소망합니다.

적용하기

- 아빠를 흉보는 말을 하지 않겠습니다.
- 지출 계획을 세워서 용돈을 규모 있게 쓰겠습니다.

 기도하기

악한 말로 가족과 친구들을 피 흘리게 한 저의 죄를 용서해주세요. 하나님과 사람의 훈계를 통해 연단 받고 지혜를 배워서, 하나님을 기쁘시게 하는 삶을 살도록 인도해주세요.

 ( 함께하기 )

**1. 이 친구의 나눔을 읽고 느낀 점은 무엇인가요?**

**2. 아빠나 엄마 또는 형제자매 때문에 겪은 고난이 있나요?**

3. 가족과의 관계 개선을 위해 내가 지금 적용해야 할 것은 무엇인가요?

4. 가족 중에 특별히 기도가 필요한 사람은 누구인가요? 그를 위한 중보기도
   문을 적어보세요.

친구들의 큐티 나눔 〈가정 고난 ③〉

# 반지하에 찾아오신 예수님

요한복음 8장 12-20절

핵심 말씀

나는 세상의 빛이니 나를 따르는 자는 어둠에 다니지 아니하고 생명의 빛을 얻으리라(요 8:12)

고3 박○○

　초등학교 1학년 때 엄마를 통해 아빠의 외도 사실을 처음 알게 되었습니다. 아빠는 이미 오래전부터 다른 여자를 만나오셨고, 더욱 충격적인 것은 그 여자가 당시 제가 다니던 교회의 성도라는 것이었습니다. 아빠는 집을 나가셔서 지금까지 그 여자와 살고 계시고, 아빠가 가출하신 후로 가정 형편은 급속도로 어려워졌습니다. 그러나 이것은 앞으로 닥칠 고난의 시발점에 불과했습니다.

　중학교 2학년 때 어느 날, 집으로 부동산 도장이 찍힌 봉투가 배달되었습니다. 열어 보니 아무 소식도 없던 아빠가 우리 가족이 살고 있는 집을 몰래 경매에 내놓은 것이었습니다. 지금까지도 어렵게 살아왔는데 너무 어처구니없고 하늘이 무너져 내리는 심정이었습니다. 이제 돈도, 집도 없이 길바닥에 내몰릴 상황이 된 것에 두려웠고, 아빠를 향한 증오는 더욱 커졌습니다. 그러나 하나님이 도우셔서 아는 변호사 집사님의 도움으로 집을 나가야 하는 기간이 극적으로 연장되고, 그 사이 어느 빌라의 11평짜리 반지하 집을 찾게 되었습니다.

　하지만 또 다른 고난의 시작되었습니다. 집이 좁은 건 둘째고,

비가 오는 날이면 집으로 빗물이 스며들어 벽지, 장판에 물이 차오르는 것이었습니다. 어느 추석의 억수같이 비가 오던 날, 제 방침대에서 쉬고 있는데 갑자기 '팟!' 하는 소리와 함께 정전이 되었습니다. 침대 밑에서 물 흐르는 소리가 나기에 살펴보았더니, 베란다에서 빗물이 역류하여 제 방으로 새어 들어온 것이었습니다.

그날 전 물바다가 된 집에서 똥 냄새나는 물을 수차례 마시면서 정신없이 물을 퍼냈습니다. 비는 계속 오고, 물은 퍼낸 만큼 다시 들어오고 허리가 끊어질 듯한 고통에 하나님이 원망스러웠습니다. 우리 가족의 처지가 밑바닥마저 뚫어 지하까지 내려갔다고 느껴졌고, 고난이 축복이기는커녕 그저 고통일 뿐이고 이 저주스러운 삶이 영원히 지속될 것만 같았습니다. 하지만 이제는 지금까지 겪었던, 그리고 지금 이 순간까지도 겪고 있는 고난을 통해 비교할 수 없을 만큼 영적으로 성숙해졌음을 느낍니다.

사람들은 축제가 끝나면 어둠 가운데로 돌아갑니다. 오늘 말씀에 예수님이 오직 자신만이 세상의 영원한 빛이라고 말씀하신 것을 묵상하면서, 세상적인 축제에 빠져 빛 되신 예수님이 곁에 계신 것을 알지 못하고 고난이 닥쳐오면 그제야 원망으로만 예수님을 찾는 저의 악함을 보았습니다. 그리고 그동안 형식적으로 큐티하고 기도했던 것을 회개하였습니다. 아직도 한참 훈련 받아야 할 저이고 앞으로 어떠한 사건이 생길지는 모르지만, 이 모든 것이 저를 진심으로 아끼시는 예수님의 사랑 표현임을 잊지 않겠습니다. 그리고 주님을 더욱 신실하게 붙잡으며 감사하는 삶을 살길 원합니다.

적용하기

- 아빠의 구원을 위해 매일 10분 이상 기도하겠습니다.
- 큐티를 하기 전에 제 생각이 아닌 주님의 지혜로 말씀을 깨닫게 해달라고 기도하겠습니다.

기도하기

저를 어둠 가운데 머무르게 하는 모든 가리개를 걷어 버리고 생명의 빛이신 예수님을 더욱 붙잡을 수 있게 도와주세요.

함께하기

1. 이 친구의 나눔을 읽고 느낀 점은 무엇인가요?

2. 내 가정의 고난으로 인해 하나님이 원망스러웠던 적이 있나요? 어떤 원
   망을 하나요?

3. 가정의 고난을 통해 깨닫게 된 나의 죄는 무엇인가요?

4. 빛이신 예수님이 우리 가정에 찾아오셔서 가정의 어둠을 물리쳐달라는 기
  도문을 써봅시다.

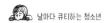 

친구들의 큐티 나눔 〈친구 고난 ①〉

# 나는 누구를 의지할까?

히브리서 12장 1-13절

핵심 말씀

믿음의 주요 또 온전하게 하시는 이인 예수를 바라보자 그는 그 앞에 있는 기쁨을 위하여 십자가를 참으사 부끄러움을 개의치 아니하시더니 하나님 보좌 우편에 앉으셨느니라(히 12:2)

## 묵상 간증

 고2 한○○

얼마 전, 저와 늘 붙어 다니던 친구가 갑자기 저를 피해 다니는 일이 있었습니다. 저는 영문도 모른 채 친구와 멀어지게 되었고, 그런 날이 계속되자 점점 스트레스가 쌓여서 공부에도 집중할 수 없었습니다. 불안한 마음이 커지면서 두통과 복통까지 생겼습니다. '내가 미워진 걸까', '나와 영영 절교하려는 걸까?'라는 생각이 머릿속을 떠나지 않고 저를 괴롭혔습니다.

며칠이 더 지나 상황이 나아질 기미가 보이지 않자, 결국 저도 친구에게 마음 문을 닫게 되었습니다. 친구의 행동을 도무지 이해할 수 없어서 친구가 점점 싫어졌습니다. 하지만 '이렇게 지내다가는 친구를 정말 잃을 수 있겠다'는 생각이 들면서, 그때부터 밤마다 그 친구와의 관계를 회복해달라는 기도를 드렸습니다. 그런데 얼마 후 기적처럼 친구가 먼저 제게 말을 걸어왔습니다. 친구는 "네가 내 욕을 했다고 오해하여 멀리했다"면서 그동안의 일을 설명해주었습니다. 이후로 저와 친구는 예전처럼 다시 가까워졌습니다. 마음이 복잡하게 엉켜서 절대 풀 수 없는 문제라고 생각했는데, 하나님의 도우심으로 해결된 것 같아 기뻤습니다.

그런데 오늘 말씀으로 이 사건을 다시 돌이켜보니, 저의 친구 관계가 건강하지 못하다는 것이 깨달아졌습니다. '믿음의 주요 또 온전하게 하시는 이인 예수를 바라보자'는 말씀을 보며 '과연 나는 예수님을 바라보고 있을까?'라는 질문을 저 자신에게 던져 보았는데, 제가 예수님이 아닌 친구를 바라보고 있다는 생각이 들었습니다.

친구와 관계가 나빠져 속상한 것이 잘못된 감정은 아니지만, 잠깐 친구를 잃었다고 공부도 못 하고 몸까지 아픈 제 모습을 보면서 제가 지나치게 친구를 의존하고 있다는 것을 깨닫게 되었습니다. 성경에서 형제를 사랑하라는 말씀은 하나님 안에서 서로서로 돌보면서 형제의 연약함을 감싸주라는 뜻인데, 저는 친구를 하나님처럼 여기면서 의지했습니다. 이런 제 모습을 오늘 말씀을 통해 회개하게 되었습니다.

"주께서 그 사랑하시는 자를 징계하시고 그가 받아들이시는 아들마다 채찍질하심이라 하였으니"라고 합니다(히 12:6). 저는 이 말씀을 통해서 친구를 지나치게 의존하는 제 모습을 깨닫게 하시려고 하나님이 친구와 멀어지는 사건을 허락하셨다는 것도 알게 되었습니다. 저를 정말 사랑하시는 하나님이 징계를 통해 제 우선순위를 바르게 해주신 것이죠.

저는 교회 안에서는 목사님의 말씀을 잘 듣고 교회 공동체의 권면도 잘 따르는 것처럼 보이지만, 막상 교회 밖으로 나가면 하나님보다 사람을 더 좋아하고 의지합니다. 하지만 이 사건 후로 친구 관계 때문에 안절부절못할 때면 제가 또 친구를 의지하고 있는 것은 아닌지 먼저 점검하게 되었습니다.

이제는 어느 곳에 있든지 하나님의 말씀을 잘 실천하고, 교회 공동체에서 보고 들은 대로 삶에서 믿음의 본을 보이겠습니다. 또 "무릇 징계가 당시에는 즐거워 보이지 않고 슬퍼 보이나 후에 그로 말미암아 연단 받은 자들은 의와 평강의 열매를 맺느니라"는 말씀처럼(히 12:11), 하나님의 연단을 잘 받으며 하나님 보시기에 합한 자녀로 자라가기를 소망합니다.

적용하기

- 친구와 관계가 어려워지면 먼저 큐티로 하나님께 묻겠습니다.
- 매일 주시는 말씀에서 적용할 거리를 찾아 하루에 하나씩 실천하겠습니다.

 기도하기

믿음생활을 하며 때로는 낙심이 되기도 하지만 그때마다 예수님을 바라보며 믿음의 경주를 잘 할 수 있도록 도와주세요. 또한 저를 사랑하시므로 주시는 하나님의 징계를 잘 받아서 죄에서 돌이키게 해주세요.

함께하기

1. 이 친구의 나눔을 읽고 느낀 점은 무엇인가요?

2. 나는 하나님과의 관계보다 친구와의 관계를 더 소중히 여기진 않나요?

3. 하나님이 나를 사랑하셔서 주신 징계는 무엇인가요?

4. 내 삶의 우선순위를 잘 분별하고 하나님만을 의지하는 기도문을 써봅시다.

친구들의 큐티 나눔 〈친구 고난 ②〉

# 내가 머물러야 할 유다 땅

예레미야 42장 15-22절

핵심 말씀

유다의 남은 자들아 여호와께서 너희를 두고 하신 말씀에 너희는 애굽으로 가지 말라 하셨고 나도 오늘 너희에게 경고한 것을 너희는 분명히 알라(렘 42:19)

묵상 간증

중2 홍○○

'친구 관계'는 저에게 늘 어려운 숙제입니다. 학교 친구들과 사소한 일로도 자주 다투는데 그럴 때면 어떻게 대처해야 할지 잘 모르겠습니다. 친구와 관계가 나빠지게 되면 학교에 있는 것조차 두렵습니다. 반 친구들이 저를 욕할 것만 같기 때문입니다. 그러다 보니 멋대로 수업을 빠지기도 하고 무단결석을 한 날도 있었습니다.

오늘 말씀에서 하나님은 바벨론으로 잡혀가지 않고 유다에 남은 백성에게 "애굽으로 가지 말고 유다 땅에서 바벨론 왕을 섬기라"고 하시는데, 유다 백성은 자꾸만 애굽으로 도망가려 합니다. 이런 유다 백성처럼 저도 자꾸 '회피'라는 애굽으로 도망가려 합니다. "애굽에 살기로 고집하면 칼과 기근이 너희를 따라가리라"고 하나님이 아무리 경고하셔도(렘 24:15-16), 유다 백성은 끝까지 애굽으로 가고자 합니다. 마찬가지로 저도 친구들과의 갈등을 직면해야 하는 유다 땅에 남기 싫어서 자꾸 회피라는 애굽으로 가려고 합니다. 문제에 직면하지 않으면 편할 것 같기 때문입니다.

그런데 이렇게 경고의 말씀을 무시하는 저에게 오늘 말씀처럼 스스로 해결할 수 없는, 무서운 기근이 찾아왔습니다. 저와 친한 교회 친구 세 명이 평소 저를 싫어하던 여섯 명의 친구와 한마음

이 되어 제 험담을 한 것입니다. 아홉 명의 친구는 지난 수련회 전날 저를 SNS 채팅방으로 초대해 입에 담기 힘든 욕을 퍼부었습니다. 수련회에 가서도 친구들의 괴롭힘은 계속되었습니다. 한때는 친한 사이였는데……. 저는 친구들의 괴롭힘도 힘들었지만, 친한 친구에게도 배신당했다는 생각에 더욱 마음이 아팠습니다. 친구들을 보기가 힘들고 교회에도 가고 싶지 않았습니다. '동네 교회로 옮길까?' 고민하며 이전처럼 갈등을 피하고만 싶었습니다.

그때 예레미야 말씀을 묵상했습니다. 하나님이 제게 주신 말씀은 "애굽으로 가지 말라는 경고의 말씀을 분명히 기억하라"는 것이었습니다. 교회를 옮기면 모든 게 해결될 것만 같은데, "네가 만약 애굽으로 가면 저주와 치욕거리가 되리라"고 하십니다(렘 24:18).

말씀을 묵상하며 '유다 땅에 남는 적용은 무엇일까' 생각해보았습니다. 그리고 '갈등에 직면하여 친구들과 오해를 푸는 것'이라는 답을 얻었습니다. 이후 저는 교회 선생님의 도움으로 친구 한 명 한 명에게 찾아가 대화를 나누었고 서로 오해를 풀 수 있었습니다. 절대 할 수 없을 것이라고 생각했는데, 말씀에 순종했더니 오히려 문제가 쉽게 풀렸습니다. 애굽으로 가려는 저를 말씀으로 붙잡아주신 하나님, 감사합니다. 앞으로도 도망가지 않고 하나님이 허락하신 환경 안에서 말씀에 순종하는 삶을 살기 원합니다.

 적용하기

- 친구와 문제가 생기면 먼저 교회 공동체에 묻겠습니다.
- 친구와 싸우더라도 학교 수업을 빠지지 않겠습니다.

 기도하기

하나님의 뜻을 잘 알면서도 내 뜻만을 고집하는 저를 불쌍히 여겨주세요.
날마다 주시는 말씀을 기억하면서 주님께 순종하는 자녀가 되게 해주세요.

 함께하기

1. 이 친구의 나눔을 읽고 느낀 점은 무엇인가요?

2. 나는 지금 어떤 친구 관계의 어려움을 겪고 있나요?

3. 친구 관계를 잘 유지하기 위해 돌이켜 회개해야 할 것은 무엇인가요?

4. 친구 관계를 잘 유지할 수 있도록 하나님의 도우심을 구하는 기도문을 써
봅시다.

친구들의 큐티 나눔 〈친구 고난 ③〉

# 내가 결박해야 할 진짜 대적

마태복음 12장 22-30절

《 핵심 말씀 》

그때에 귀신 들려 눈멀고 말 못하는 사람을 데리고 왔거늘 예수께서 고쳐주
시매 그 말 못하는 사람이 말하여 보게 된지라(마 12:22)

묵상 간증

고1 이○○

오늘 말씀에서 예수님은 귀신 들려 눈멀고 말 못하는 사람을 고쳐주십니다. 예수님의 말씀을 의지하면 믿는 자로서 마땅히 보아야 할 것을 보고 해야 할 말을 할 수 있습니다.

저는 초등학교 때부터 친구 관계에서 크고 작은 어려움을 겪었습니다. 단짝으로 지냈다가도 별것 아닌 일로 마음이 상해서 둘도 없는 원수가 되기도 하고, 친하다고 생각한 친구가 알고 보니 남몰래 저를 험담하고 다닌 일도 있었습니다.

올해도 친구 관계 문제로 또다시 어려움을 겪어야 했습니다. 일 년 동안 뒤에서 저를 욕하며 이간질했던 친구가 있었는데, 새 학기가 된 후 아이러니하게도 저는 그 친구와 친했던 무리와 가까워지게 되었습니다. 그러자 저를 욕했던 친구는 질투가 난 나머지, 그 무리 중 한 친구의 험담을 늘어놓으며 "생활지도부 선생님께 가서 ○○이의 잘못을 이르자"고 또다시 이간질을 시작했습니다. 하지만 그 친구가 거짓말을 잘한다는 사실을 다른 친구들도 하나둘씩 알게 되면서, 친구들은 "더 이상 당하고만 있지 말고 함께 가서 그 친구에게 따지고 학교에도 알리자"고 했습니다.

그런데 말씀을 묵상할수록 '이건 아닌데' 하는 생각이 들었습니다. '스스로 분쟁하는 공동체는 서지 못한다'는 말씀처럼(마 12:25) 친구와 일부러 분쟁을 만드는 것은 좋지 않을 것 같았습니다. 그래서 "섣불리 행동하지 말고 일단 그 친구를 좀 지켜보면서 때를 기다리자"고 설득했습니다. "사람이 먼저 강한 자를 결박하지 않고서야 어떻게 그 강한 자의 집에 들어가 그 세간을 강탈하겠느냐 결박한 후에야 그 집을 강탈하리라"는 말씀을 보면서(마 12:25), 정말 결박해야 할 대상은 그 친구가 아니라 '내 속에 있는 악함'임을 깨달았기 때문입니다. 이런 저를 보고 친구들은 제가 많이 변했다며 놀랐습니다.

예전 같았다면 새로 사귄 친구들을 잃고 싶지 않아서라도 당장 선생님을 찾아가 그 친구를 고발했을 것입니다. 저는 늘 친구를 우선순위에 놓고 하나님의 말씀보다 친구들의 말에 더 귀를 기울였기 때문입니다. 그러나 그동안 교회에서 들은 말씀을 삶에 적용하며 저의 '친구 우상'을 고침 받았기에(마 12:22) 이번엔 용기 있게 말할 수 있었던 것 같습니다.

제 생각대로 행동하지 않고 하나님께 지혜를 달라고 기도했는데, 주님은 제게 친구를 사랑할 수 있는 마음을 주시고 친구들의 마음도 얻게 해주셨습니다. 저를 싫어했던 친구들을 진실하게 대하며 친구들의 힘든 이야기를 들어주다 보니, 저를 싫어하는 친구들을 어떻게 사랑해야 하는지도 알게 되었습니다.

　말씀에 순종할 수 있는 용기를 주신 하나님께 감사합니다. 앞으로도 제가 예수님을 믿는 사람으로서 보아야 할 것을 잘 보고 해야 할 말을 담대히 할 수 있도록 기도해주세요.

 적용하기

- 저를 싫어하는 친구를 위해 기도하겠습니다.
- 저에게 고난이 찾아왔을 때 요동하지 않도록 매일 열심히 큐티하겠습니다.

 기도하기

하나님의 말씀을 듣지 못하게 하는 사탄의 권세를 물리쳐주세요. 내 속의 악이 가장 강한 마귀임을 인정하고 나의 죄를 결박하기 원해요. 성령님, 저를 도와주세요.

날마다 큐티하는 청소년

함께하기

1. 이 친구의 나눔을 읽고 느낀 점은 무엇인가요?

2. 친구 관계에서 내 생각대로 행동했다가 난처하게 된 경험이 있나요?

3. 친구들과의 관계에 있어서 나의 악함은 무엇인가요?

4. 친구의 악보다 나의 악함을 먼저 보게 해달라는 기도문을 써봅시다.

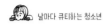 

친구들의 큐티 나눔 〈학업 고난 ①〉

# 학생의 본분을 지켜라

마가복음 1장 1-11절

( 핵심 말씀 )

그때에 예수께서 갈릴리 나사렛으로부터 와서 요단강에서 요한에게 세례를 받으시고(막 1:9)

묵상 간증

중1 윤○○

요즘 들어 부모님은 잔소리가 부쩍 많아지셨습니다. 모두 제가 꼭 들어야 할 말씀이지만, 저는 부모님이 제 마음은 생각해주지 않으시는 것 같아 듣기가 싫었습니다. 부모님이 제게 가장 많이 하시는 지적은 "시간 관리를 잘하라"는 것입니다. 잔소리가 고깝게 들리긴 해도 이 말씀을 무조건 무시할 수 없는 것은, 스스로 생각해도 요즘 제 생활이 너무나 무너져 있기 때문입니다.

저는 학교에서 돌아오면 제일 먼저 스마트폰부터 봅니다. 스마트폰으로 친구들과 메신저를 주고받거나 통화를 하고, 웹툰과 유튜브 동영상을 봅니다. 당장 해야 할 숙제가 책상 위에 가득 쌓여 있는 것을 알면서도 걱정만 할 뿐, 저의 눈과 손은 스마트폰을 떠나지 않습니다. '1시간이면 충분하겠지'라고 생각하며 미루다가 결국 새벽 1시가 돼서야 부랴부랴 숙제를 하며 밤잠을 설칩니다. 이런 생활이 반복되다 보니 두통이 심해져서 멍한 상태로 하루를 보내기 일쑤고, 수면 부족으로 수업 중에 졸기도 합니다.

저는 스스로 스마트폰의 노예가 되어가고 있는 것을 알면서도 유혹을 쉽게 뿌리치지 못해서 마음이 무척 괴로웠습니다. 부모님이 "생활 태도를 바꾸어야 해", "공부를 미루는 태도는 학생의

본분에 충실하지 않는 거야"라고 말씀하실 때면, "저도 다 알아요!" 하면서도 막상 실천으로 옮기지 못해 스트레스를 받았습니다. 때론 저 자신이 한심하여 마음을 다잡아보려고도 했지만, 하루도 안 되어 다시 스마트폰에 마음을 빼앗기곤 했습니다. 공부하겠다고 책상에 앉아도 집중이 잘되지 않았습니다. 부모님이 이런 저를 조금만 이해해주시면 좋겠는데 날마다 잔소리만 하시니 저는 서운한 마음에 오히려 귀를 닫고 변명하기 바빴습니다.

그런데 하나님의 아들이신 예수님이 우리를 구원하시기 위해 이 땅에 인간의 모습으로 오셔서 요한에게 세례를 받으셨다고 합니다. 죄가 없으신 예수님이 하나님께 순종하기 위해 땅끝까지 낮아지신 것입니다. 하지만 저는 예수님과 달리 하나님이 세우신 질서에 순종하지 못했습니다. 학생의 본분인 공부를 게을리하고 스마트폰에 마음을 빼앗겨서 시간을 낭비했습니다. 또한 부모님이 사랑으로 하시는 훈계를 잔소리로 여기며 무시하였습니다.

하나님은 자신에게 순종하여 겸손하게 세례를 받으신 예수님께 "너는 내 사랑하는 아들이라 내가 너를 기뻐하노라"라고 말씀하셨습니다(막 1:11). 하나님 앞에 그동안의 불순종을 회개하고 이제는 학생의 본분에 충실하고 부모님의 말씀에도 겸손히 순종하겠습니다. 그래서 하나님이 "사랑하고 기뻐하는 나의 자녀, ○○아"라고 불러주시는 하나님의 자녀로 거듭나길 소망합니다.

 적용하기

- 방과 후 스마트폰은 하루 한 시간만 사용하겠습니다.
- 부모님이 훈계하시면 "네"라고 대답하고 귀 기울여 듣겠습니다.

 기도하기

하나님이 세우신 질서에 순종하지 못했던 것을 회개해요. 하나님이 정하신 질서와 역할에 충실하여 하나님의 기쁨이 되고, 말씀을 이루는 삶을 살게 해주세요.

 함께하기

1. 이 친구의 나눔을 읽고 느낀 점은 무엇인가요?

2. 내가 학생의 본분을 다하지 않고 부모님과 선생님께 불순종하고 있는 것은 무엇인가요?

3. 내가 학생의 본분에 충실하기 위해 적용해야 할 일은 무엇인가요?

4. 하나님이 내게 허락하신 학생의 본분에 순종하게 해달라는 기도문을 써 봅시다.

친구들의 큐티 나눔 〈학업 고난 ②〉

# 입시도 전쟁이야!

요한계시록 12장 1-17절

핵심 말씀

또 우리 형제들이 어린양의 피와 자기들이 증언하는 말씀으로써 그를 이겼으니

그들은 죽기까지 자기들의 생명을 아끼지 아니하였도다(계 12:11)

묵상 간증

 고2 김○○

오늘 11절 말씀을 보면 해산이 임박한 여자가 부르짖으니 하나님이 하늘의 군대를 동원하셔서 붉은 용에게서 아이를 지키십니다. 하나님은 고난 가운데에 있는 백성의 부르짖음에 응답하시고 함께 싸워주시며 마침내 승리하게 하십니다.

고3 진급을 코앞에 앞둔 요즘, 어느 때보다 공부에 집중해야 할 시기인데도 좀체 집중하기가 어렵습니다. 학원 숙제를 하려고 문제집을 펴면 여섯 문제를 못 넘기고 집중력이 흐트러지기 일쑤입니다. 책상에 가만히 앉아 있으려니 몸이 근질근질해 괜히 물을 마시러 나가기도 하고, 쓸데없이 휴대폰을 만지작거리기도 합니다. 문제를 풀다 말고 갑자기 음악이 듣고 싶다며 이어폰을 끼고는 그대로 음악만 듣고 있는 때도 많습니다. 발등에 불이 떨어진 시험 기간에도 멍하니 앉아 있기만 합니다.

그래서 하루는 내가 집중할 수 있는 시간이 얼마나 될까 궁금해 스스로를 관찰해보기로 했습니다. 한참 공부하다 집중력이 흐려지는 시점에 시계를 보았는데, 글쎄 공부를 시작한 지 고작 16분밖에 안 된 게 아닙니까! 저는 큰 충격을 받았습니다. 산만한 성격 탓에 중요한 시간을 흘려보내기만 하는 저 자신이 답답하고

짜증스러웠습니다.

그런데 오늘 말씀에서 용이 장차 만국을 다스릴 아이를 낳는 여자를 괴롭히고(계 12:4-5), 하나님의 계명을 지키며 예수의 증거를 가진 자들을 공격하는 장면이 나옵니다(계 12:17). 이렇듯 하늘에서 벌어지는 큰 전쟁에 대한 말씀을 묵상하던 저는 이것이 성경에만 기록된 일이 아니라, 제 삶에서도 일어나는 일임을 깨달았습니다. 입시를 위한 저의 싸움이 단순히 집중력 싸움이 아니라 '영적 전쟁'이라는 생각이 든 것입니다.

또 중요한 시기에 공부에 집중 못 하는 자신을 보며 늘 '나는 왜 이럴까' 자책했는데, 이것이 스스로를 깎아내려 전쟁에서 패하게 하려는 사탄의 계략임을 깨달았습니다(계 12:10). 하나님은 모든 것이

영적 전쟁이기 때문에 결코 내 힘으로 싸울 수 없고 어린양의 피와 말씀을 의지해야만 승리할 수 있다고 하십니다(계 12:11). 그러므로 제가 할 수 있는 일도 해산하는 여인처럼 하나님께 애를 쓰고 부르짖는 일밖에 없는 것 같습니다(계 12:2).

공부도 내 힘으로 하는 게 아니라는 걸 알게 해주신 하나님께 감사드리며, 이제라도 제 연약함을 인정하고 하나님만 붙들며 나아가겠습니다. 하나님, 단 십 분도 집중하지 못하는 저를 불쌍히 여겨주시고 영적 전쟁에서 승리하여 하나님께 영광 돌리는 자녀가 되게 해주세요!

적용하기

- 공부를 시작하기 전에 먼저 큐티하고 기도하겠습니다.
- 숙제나 공부를 할 때 음악을 듣지 않겠습니다.

기도하기

나를 힘들고 괴롭게 하는 사건이 예수님을 만나는 사건이 되기를 기도해요. 이미 하늘의 승리를 얻은 자녀라는 것을 기억하며 하나님을 의지하여 일상에서 일어나는 영적 전쟁을 잘 치르게 도와주세요.

함께하기

1. 이 친구의 나눔을 읽고 느낀 점은 무엇인가요?

2. 나의 공부를 방해하는 것은 무엇인가요? 그것이 사단의 계략임이 믿어지 나요?

3. 내가 입시의 영적 전쟁을 잘 치르기 위해 적용하고 실천해야 할 일은 무엇인가요?

4. 학업과 입시도 영적 전쟁임을 깨닫고 하나님을 의지해 승리하게 해달라는 기도문을 써봅시다.

친구들의 큐티 나눔 〈학업 고난 ③〉

# 헛되고 헛된 학벌 우상

전도서 4장 4-16절

핵심 말씀

어떤 사람은 아들도 없고 형제도 없이 홀로 있으나 그의 모든 수고에는 끝이 없도다 또 비록 그의 눈은 부요를 족하게 여기지 아니하면서 이르기를 내가 누구를 위하여는 이같이 수고하고 나를 위하여는 행복을 누리지 못하게 하는가 하여도 이것도 헛되어 불행한 노고로다(전 4:8)

## 묵상 간증

고3 김○○

　몇 달 전, 수능 시험을 앞두고 문득 불안감이 밀려왔습니다. 명문고에 다니는 저는 성적이 우수한 편이었고 모의고사 점수도 계속 상승세였기에 좋은 대학에 갈 수 있다는 자신감이 가득했습니다. 그런데 수시 모집에서 자격이 불충분하여 제가 원하는 상위권 대학을 지원할 수 없게 되자, 그동안 노력했던 것이 허사가 된 것 같아 억울했습니다. 이런 상황을 허락하신 하나님도 원망스러웠습니다.

　그 후 저는 오직 '좋은 대학에 가야 한다'는 생각에 사로잡혀 공부에 열심을 내며 큐티도 하지 않고 하나님을 무시하는 생활을 했습니다. 그러나 오히려 모의고사 점수가 수직으로 하강하였고 저의 명문대 집착은 더욱 심해졌습니다.

　저는 이 상태로는 좋은 대학에 못 갈 것 같다는 불안감에 식사 기도를 제외한 모든 기도와 말씀묵상은 접어두고 공부에 더 집중하면서 하나님은 멀리했습니다. 학교 기독교 모임에도 '공부할 시간도 부족한데 그 시간에 공부나 더 해야겠다'고 생각하며 참석하지 않았습니다. 주일예배도 지각하기 일쑤였는데, '내 미래를 생각한다면 예배보다 공부에 전념해야 하지 않을까?'라는 의문이 들었기 때문입니다. 이렇듯 저는 아무 찔림도 없이 신앙생

활을 소홀히 했습니다. 말씀 공동체에 속하여 예배를 드리는 것이 저를 지켜주는 세 겹 줄(전 4:12)임을 알지 못한 것입니다.

그런데 8절 말씀처럼 '아무리 수고해도 행복을 누리지 못하는 사람'이 바로 저라는 생각이 들었습니다. 그리고 하나님의 뜻과 상관없는 수고와 성취는 헛된 것임을 말씀해주셨습니다. 저는 '내가 과연 무엇을 위해서 이렇게 공부하고 노력하는가' 돌이켜 보았습니다. 저는 항상 하나님의 영광을 위하여 공부하는 것이라면서 저 자신과 남들을 속여 왔습니다. 하지만 입시가 코앞에 닥치자 저의 본심이 드러났습니다. 제가 지금껏 열심히 공부한 이유는 남들에게 인정받기 위함이었고, 유명한 대학에 가서 왕의 자리(전 4:14)에 올라 세상에서 군림하고 싶어서였습니다. 말씀을 통해 이런 제 모습을 직면하게 되니 하나님 앞에 무척 죄송한 마음뿐이었습니다.

저는 요즘 수능을 치르고 그 결과를 기다리고 있습니다. 말씀으로 제 죄를 깨닫게 되었지만, 좋은 대학에 가고 싶다는 욕심이 완전히 사라진 것은 아닙니다. 그러나 "아무리 많은 사람을 다스린 왕이었을지라도 그것 역시 지나고 나면 헛되어 바람을 잡는 일에 불과하다"는 말씀처럼(전 4:16), 이제는 명문 대학이 저를 행복하게 해줄 수 없다는 것을 조금은 알게 되었습니다. 하나님이 제게 딱 맞는 길로 인도해주실 것을 믿으며 나아가겠습니다.

적용하기

- 주일예배에 지각하지 않겠습니다.
- 저의 진로를 하나님의 뜻대로 인도해달라고 기도하겠습니다.

기도하기

언젠가는 없어질 허무한 것들에 가치와 의미를 두지 않고, 영원하신 하나님 안에 거하는 삶이 진정으로 가치 있는 인생인 것을 알게 해주세요.

 함께하기

1. 이 친구의 나눔을 읽고 느낀 점은 무엇인가요?

2. 나는 무엇을 위해 공부하나요?

3. 학업을 통해 하나님이 나에게 주시려는 사명은 무엇인가요?

4. 나의 공부의 목적을 바로잡고 하나님 나라를 위해 쓰임 받게 해달라는 기도문을 써봅시다.

친구들의 큐티 나눔 〈죄와 중독 ①〉

# 나의 몸은 성령의 전

고린도전서 6장 12-20절

핵심 말씀

너희 몸은 너희가 하나님께로부터 받은 바 너희 가운데 계신 성령의 전인 줄

을 알지 못하느냐 너희는 너희 자신의 것이 아니라 (고전 6:19)

묵상 간증

중1 이○○

바울이 음행에 빠진 고린도교회 성도들을 꾸짖는 말씀이 저를 향한 외침인 것만 같습니다. 제게도 고린도 교인들과 같은 음란한 모습이 있습니다. 저는 초등학교 5학년 때 우연히 야동을 접한 후로 엄마 몰래 야동을 찾아보기 시작했습니다. 그러면 안 되는 줄 알면서 자꾸만 찾게 되는 것입니다. 작년 말, 빚을 갚지 못하신 아빠가 오랜 재판 끝에 감옥에 가게 되셨습니다. 제가 본격적으로 야동에 빠지기 시작한 때도 그 무렵이었습니다. 다른 친구들은 겪지 않는 일을 저만 겪는 것 같아서, 그 억울함과 분노를 야동으로 풀곤 했습니다. 이후 야동을 보고 싶은 충동은 점점 커졌고, 몸과 마음으로 음행을 수없이 저질렀습니다. 나름 야동을 끊어보려고 교회 지체들에게 죄를 고백하며 중보를 부탁하기도 했습니다. 교회 지체들은 제 나눔을 듣고 많은 격려를 해주었습니다.

하지만 저는 교회에서만 회개할 뿐, 집에서는 전혀 다른 모습으로 살았습니다. 제가 야동을 끊지 못한다는 걸 잘 아시는 엄마가 "스마트폰이랑 컴퓨터는 조금만 해. 죄는 네 맘대로 끊을 수 있는 게 아니야. 죄 고백도 중요하지만 구체적인 적용을 해야지!"라고 말씀하셔도, 저는 "마음만 먹으면 끊을 수 있거든!" 하면서

큰소리쳤습니다. 제가 너무 고집스러우니 엄마가 "그럼 일주일
간 시간을 줄 테니 네 의지대로 야동을 끊어보라"며 기회를 주셨
는데, 당연히 저는 야동을 끊지 못했습니다. 그제야 엄마의 훈계
를 인정하게 되었고, 저 자신이 정말 죄를 좋아하는 죄인임을 깨
달았습니다.

그동안 겉으로는 음란을 끊고 싶다고 말했지만 속으로는 죄를 즐기는 마음이 컸습니다. 믿음으로 간증한 게 아니라 지체들에게 칭찬과 격려받는 것이 좋아서 죄를 고백한 거라는 사실도 깨닫게 되었습니다. 또 저는 아빠가 계시지 않으니 아빠보다 약해 보이는 엄마에게 반항하며 제멋대로 굴기도 했습니다. 자유에 대해 잘못 이해하여 자신의 쾌락을 채웠던 고린도 교인들과 같은 저의 모습을 하나님 앞에 회개하고 싶습니다. 이제는 그리스도의 지체인 제 몸을 거룩하게 지키겠습니다(고전 6:15). 하나님께 내 힘으로는 야동을 끊을 수 없음을 솔직히 고백하며 큐티와 기도를 통해 도우심을 구하겠습니다.

 적용하기

- 야동을 끊을 수 있도록 중등부 소그룹에 끊임없이 제 연약함을 나누겠습니다.
- 스마트폰을 볼 때 방에서 혼자 하지 않고 가족이 있는 곳에서 하겠습니다.

 기도하기

나의 몸은 하나님이 머무시는 거룩한 성전임을 기억하며, 음란으로부터 멀어지게 도와주세요. 하나님께서 값을 치르고 산 제 몸을 소중히 여기게 해주세요.

함께하기

**1. 이 친구의 나눔을 읽고 느낀 점은 무엇인가요?**

**2. 누구에게도 고백하지 못한 나의 음란한 모습은 없나요?**

3. 내 몸을 거룩하게 지키기 위해 내가 실생활에 적용해야 할 것은 무엇인가요?

4. 나의 몸이 성령의 전인 것을 깨닫고 함부로 살지 않겠다고 다짐하는 기도문
을 써봅시다.

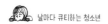 

친구들의 큐티 나눔 〈죄와 중독 ②〉

# 틴트 대신 말씀으로

에베소서 5장 1-21절

## 핵심 말씀

그런즉 너희가 어떻게 행할지를 자세히 주의하여 지혜 없는 자같이 하지

말고 오직 지혜 있는 자같이 하여 세월을 아끼라 때가 악하니라(엡 5:15-16)

묵상 간증

중3 하○○

오늘 말씀에서 하나님은 나를 향한 주님의 뜻이 무엇인지를 깨달아 악한 때에 시간을 허투루 사용하지 말고 세월을 아껴 지혜 있는 자가 되라고 하십니다. 세월을 아끼는 것이 곧 하나님을 경외하는 것이기 때문입니다.

저는 요즘 외모에 무척 민감합니다. 그래서 특히 화장이나 제가 입는 옷 스타일이 맘에 들지 않으면 밖에 나가기가 싫습니다. 화장품은 엄마가 주시는 용돈을 모아 사거나 엄마 화장품을 몰래 가져다 쓰기도 합니다. 옷을 사러 나갈 때는 누구보다도 기분이 들뜨고, 맘에 드는 옷을 발견하면 사달라고 졸라서 반드시 그것을 가져야만 합니다. 큐티를 하지 않고 밖에 나간 적은 많지만, 틴트를 바르지 않고 나간 적은 없습니다. 그런데 오늘 본문에 '어떻게 행할지를 잘 생각해서 지혜 있는 자같이 하라'는 말씀(엡 5:15)이 제 마음을 꼬집었습니다. '내가 외모에 신경을 쓰고 화장을 즐기는 것이 지혜 없는 행동인가?' 싶으면서도 '다른 친구들도 다 하는데 뭘' 하는 마음이 동시에 들었습니다. 그렇지만 '학생의 본분인 학업보다 외모에 더 신경을 쓰는 것이 지혜 있는 행동일까?' 하는 스스로의 질문에는 점점 자신이 없어졌습니다.

"술 취하지 말라 이는 방탕한 것이니 오직 성령으로 충만함을 받으라"라는 말씀을 보면(엡 5:18), 술에 취하듯 화장품과 치장하는 것에 취해 방탕하게 시간을 보내지 말고 세월을 아끼라고 교훈하시는 것 같습니다(엡 5:16). 화장이나 옷으로만 겉모습을 꾸미려 하고 하나님의 말씀과 예배로 저의 내면을 아름답게 꾸미지 못한 것은 분명 세월을 아끼지 못한 것이지만, 솔직히 지금도 여전히 외모에 신경을 쓰는 것을 완전히 내려놓지는 못하겠습니다. 하지만 앞으로 하나님의 말씀 안에서 주의 뜻이 무엇인가를 생각하며(엡 5:17) 외모를 치장하는 시간을 아껴 저의 영혼과 내면을 가꾸고 싶습니다. 학생의 본분에도 충실하고 주님의 말씀을 가까이하여 주를 기쁘시게 하는 하나님의 자녀가 되고 싶습니다(엡 5:10).

적용하기

- 화장품을 사고 싶을 때는 부모님께 허락을 받겠습니다.
- 엄마 화장품을 몰래 쓰지 않겠습니다.

 기도하기

나의 힘으로는 더러운 죄와 중독을 버릴 수 없어서 마음속에 어둠이 커다랗게 자라곤 해요. 말씀의 능력을 힘입어 절제하고 인내하여 세럼을 아끼는 자녀가 되게 해주세요.

함께하기

**1. 이 친구의 나눔을 읽고 느낀 점은 무엇인가요?**

**2. 나는 하나님이 주신 하루 24시간을 무엇을 하는 데 가장 많이 사용하나요?**

3. 마음 밭을 거룩하게 가꾸기 위해 내가 돌이켜 회개해야 할 것은 무엇인
   가요?

4. 마음의 중심을 보시는 하나님을 따라 속사람이 새롭게 되는 은혜를 구하
   는 기도문을 적어봅시다.

친구들의 큐티 나눔 〈죄와 중독 ③〉

# 300만 원짜리 정욕

베드로전서 2장 11-25절

핵심 말씀

사랑하는 자들아 거류민과 나그네 같은 너희를 권하노니 영혼을 거슬러 싸우는 육체의 정욕을 제어하라 (벧전 2:11)

묵상 간증

고1 윤○○

저는 욕심이 많고 교만한 사람입니다. 작년 7월부터 거의 1년간 게임을 하면서 어머니 카드를 몰래몰래 사용했습니다. 처음에는 죄송한 마음이 들어 그만둬야겠다는 생각을 하기도 했습니다. 그런데 이런 생각은 점차 사라지고 언제부턴가 아무런 죄책감도 없이 제 욕심을 채우고자 이러한 일을 반복했습니다. 그리고는 어머니 앞에서 아무 일도 없다는 듯 뻔뻔하게 얼굴을 들고 다녔습니다. 그렇게 죄 가운데 살면서도 오늘 말씀에 나오는 비방하는 자들(벧전 2:12)처럼 교만히 행하며 형제를 사랑하지 못하고(벧전 2:17) 예수님을 채찍질하듯(벧전 2:24) 동생을 때리기까지 했습니다. 양심이란 게 없는 짐승만도 못한 자가 바로 저입니다.

저의 은밀한 죄는 결국 들통이 나고 말았습니다. 어느 날 어머니께서 카드 내역을 조회하시다가 제가 게임에 사용했던 내역을 확인하신 것입니다. 티끌 모아 태산이라고 제가 몰래 조금씩 사용했던 돈은 자그마치 300만 원이라는 큰 금액이었습니다. 처음에는 그리 크게 잘못했다는 생각도 없었고 돈에 대한 개념도 없었기에 혼나는 것이 억울했습니다. 그런데 어머니께서 처음으로 그렇게 화내시는 것을 보면서 이것이 큰 잘못임을 알게 되었고,

말씀을 묵상하면서 저의 죄가 구체적으로 깨달아졌습니다.

오늘 말씀에서 '영혼을 거슬러 싸우는 육체의 정욕을 제어하라'고 말씀하셨지만 영혼을 대적하는 육체의 정욕을 이기지 못하고 제가 하고 싶은 대로, 제 생각대로만 행했습니다. 그리스도께서 우리의 죄를 사하시기 위해 대신하여 죽으셨음을 잊어버리고 부모님을 속이며 도적질하는 죄를 저질렀습니다. 예수님이 매를 맞고 십자가에 달려 돌아가신 것은 '우리로 죄에 대하여 죽고 의에 대하여 살게 하려 하심이라'고 하시니 정신이 번쩍 듭니다(벧전 2:24). 이제는 길 잃은 양이 목자에게 돌아온 것처럼 말씀 앞에서 회개합니다(벧전 2:25). 회개는 죄에서 돌이켜 다시 그 길을 가지 않는 것이라고 하셨으니 이러한 일이 다시 일어나지 않도록 스마트폰을 2G폰으로 바꾸겠습니다. 그리고 게임 말고 다른 건전한 여가활동, 취미 활동을 찾겠습니다. 다시 이러한 생각이 들지 않도록 매일 큐티를 하겠습니다. 또 이런 생각이 올라오면 그 즉시 부모님에게 말씀드리고 부모님의 도움을 받겠습니다.

적용하기

- 필요한 것이 생기면 부모님께 솔직히 말씀드리고 용돈을 타서 쓰겠습니다.
- 게임 대신 다른 건전한 취미 활동을 찾겠습니다.

기도하기

나에게 허락된 자유를 육체의 정욕을 위해 쓰지 않도록 도와주세요. 오직 말씀에 순종하며 믿지 않는 사람들에게 선한 영향을 끼치는 하나님의 자녀가 되도록 인도해주세요.

 함께하기

**1. 이 친구의 나눔을 읽고 느낀 점은 무엇인가요?**

**2. 내가 중독에 빠져 헤어나오지 못하고 있는 것은 무엇인가요?**

3. 하나님이 기뻐하시는 자녀가 되기 위해 내가 절제해야 할 것은 무엇인가요?

4. 나의 죄와 중독을 끊기 위해 하나님께 간구해야 할 기도문을 적어봅시다.

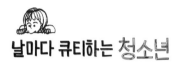

# 날마다 큐티하는 청소년

**초판 발행** | 2018년 7월 30일
**3쇄 발행** | 2022년 6월 30일

**지은이** | 김양재

**발행인** | 김양재
**편집인** | 김태훈
**편집장** | 정지현
**편  집** | 김수연 진민지
**디자인** | 김여진
**일러스트** | 김소정

**발행한 곳** | 큐티엠
**출판 신고** | 제2017-000130호 (2017년 10월 20일)
**주소** | 경기도 성남시 분당구 판교공원로2길 22, 4층 큐티엠 (우) 13477
**편집 문의** | 070-4635-5318
**구입 문의** | 031-707-8781
**팩스** | 031-8016-3193
**홈페이지** | www.qtm.or.kr  **이메일** | books@qtm.or.kr
**총판** | (사)사랑플러스 02-3489-4300

ISBN | 979-11-962393-3-6 43230

**큐티엠(QTM, Quiet Time Movement)은 '날마다 큐티'하는 말씀묵상 운동을 통해
영혼을 구원하고, 가정을 중수하고, 교회를 새롭게 하는 일에 헌신합니다.**